王阳明哲学

蔡仁厚 著

浙江教育出版社·杭州

只为优质阅读

自序

王阳明从小就有志于做圣贤，他一生思想的发展，最能表征一个人的人格学问成长的过程。他少年时期的执着认真与跃动狂放，正显示他性情的真挚与生命的不羁，而且这种情形一直延续到他三十七岁龙场悟道。他成学前的三变是真变——异质的转变；悟道后的三变则是同质的发展，是同一系统的圆熟完成。我们可以这样说，前三变是他“自我发现”的过程，而后三变则是他“自我完成”的过程。本书第一章所提供的，便是了解阳明思想由发展到完成的一条线索。

阳明讲学的宗旨是“致良知”。但致良知不是一句言谈，亦不是一种论说，而是真切的道德实践功夫。而道德实践的目的是“立己立人”“成己成物”，所以阳明的良知之学是成德之教，是圣贤学问。这套学问源远流长，所包含的义理亦极为渊深宏博，发展到阳明的良知之学，更达于精微透彻的境地。明代中叶以后，王学风行天下，成为历史上最显赫的学派之一。但王门泰州派下转出了所谓“狂禅”，接着明代又亡于异族，于是从顾炎武起，便对王学有了误解与攻讦，清代的御用学者更视王学为异端。但历史总是公正的，王学的光彩毕竟掩盖不住。如今，无论东西方的学者，对于阳明学的卓越性，都愈来愈加重视了。

不过，要真正了解阳明学（实则程朱陆王皆然）而作相应的表述，亦不是很容易的事。以西方的尺度来衡量中国的学问，尤其难以相应。中国先哲讲学，自有宗趣，自有义法，与西方学问的轨辙不尽相同。因此，本书不取时下流行的，将某家某人的思想学说，分列为什么论什么说的讲法。那种讲法大体是以西方哲学的模式来排比肢解中国的学问，是出主入奴的做法，而日本人似乎是始作俑者。中国人起而效之，无异西施效东施，是很不智的。论学当然贵会通，但必须彼此以学问的真本性、真面貌站出来，以相磨相荡、相融相即而后可。我们如果对中国学问不能有相应的了解与中肯的表述，如何能透显它的真本性、真面貌，以与西方哲学相会通？“道并行而不相悖”，但如对于中国学问的轨辙脉络都弄不清楚，则我们将以什么“道”来与别人“并行”？因此之故，我认为诚实负责地做了解的工作，仍然是当前学术界最为切要的事。先了解自己之何所是，再了解他人之何所是，然后思想的脉络才能显现，学问的标准才能树立。假如这步工作做不到，则所谓“会通”只是侈言而已。

自从清政府入主，文化慧命随之而斩，中国学问的真义已沉埋了三百年。民国以来，上承清代之余势，学风士品始终挺拔不起，既无轩昂超迈之象，又失敦笃朴厚之德。一般知识分子大多求速成、走捷径，而不知植根立本。企高两脚，意态飞扬，看似自视甚高，实则自待甚浅。结果是苗而不秀，秀而不实，故成器者少。数十年中，虽赖三五贤哲孤明独照，以抉隐发微，使中国学问的真本性、真面貌渐次朗现，其奈知之者鲜而信从者少何！

近年承乏“宋明理学”一课，自度才识慧悟未足上企先哲于万一，因此虽志存乎高远，而心实归于平正。我不歆羡时下学术界的各种风光热闹，亦不屑于今人争欲自立一说的虚矜心理，我目前所致力的，只是对先哲之学作相应的疏解与表述。我希望在商量旧学之中日渐涵养新知。我亦相信渐次磨勘，熟而生巧，将来总有孤明自发之时。若终未能，则是力有不及，亦无可悔。语云：“人之有善，若己有之。”为学如果没有服善之心，真理终将离我们而远去。反之，一念真诚，量力尽分，“贤者识其大者，不贤者识其小者”；细大不捐，义无隐弃，真积力久，水到渠成，则儒圣先哲之学终有光大发皇之日。

这本书是我研究王阳明的一点成绩。此外，对于北宋周、张、二程之学，南宋朱、陆之学以及湖湘学统，亦希望能陆续有所撰述。此书以疏解阳明之本义原义为主，所以凡有所述都是根据阳明本有之义而作解说，即使是推进一步的阐释，亦是就王学义理本有应有之义而作发明。我认为必须如此，才能不失学问的义法，以免于歧出而失度。书中各章有些曾发表过，第一章刊于香港新亚研究所《中国学人》第五期；第二章刊于《孔孟学报》二十八期；第六章最先写成，编入中华学术院为纪念王阳明诞生五百周年而印行的《阳明学论文集》，现略作修订编入本书；第七章刊于《哲学与文化》第五期；第八章刊于韩国《东洋文化》年刊。另外，附录二曾刊于《华学月刊》，后又编入《阳明学论文集》第二辑，但此文有若干疏略欠当之处，现特予删正，编入本书为附录。

从事阳明学之研究，国内虽不乏其人，但数十年来关于阳明学的专著，除了业师牟先生二十年前出版的《王阳明致良知教》以外，似乎还没有见到第二部。本书表述阳明之学虽义有所承，而疏误或所难免，尚祈邦人君子不吝教正。

蔡仁厚自序于华冈哲学系

一九七四年八月

目录

Contents

第一章 阳明思想的演变与发展

阳明（一四七二—一五二八）一生思想的演变与发展，最能表征一个人的生命人格成长圆熟之过程。因此阳明思想发展的线索，亦就是他“自我发现”与“自我完成”的历程。兹分三节略作论述。

第一节

少年时期的企向

一、灵光爆破

阳明从小就聪慧过人。《年谱》记载他十一岁时，跟着祖父竹轩翁到北京去，路过金山寺，竹轩翁和客人即景赋诗，正沉吟间，阳明在旁倒先作成了：

金山一点大如拳，打破维扬水底天。
醉倚妙高台上月，玉箫吹彻洞龙眠。

客人见了他的诗，大为惊异，又出题叫他作《蔽月山房》诗，阳明随口应道：

山近月远觉月小，便道此山大于月。
若人有眼大如天，还见山小月更阔。

这小孩不但才思非常敏捷，而且他的胸襟眼界更是超异常人。

到了北京，他父亲很为他豪迈不羁的性行而担忧，第二年便为他延请塾师，严加管教。但施教的内容也只是一些科举时文之类，十二岁的阳明便已对这些感到不耐了。有一天他问塾师："何为第一等事？"塾师答道："唯读书登第耳。"但阳明却不以为然，他说：

登第恐未为第一等事，或读书学圣贤耳。

阳明觉得科举登第，纵然像父亲一样中了状元（阳明十岁时，其父龙山公中进士第一甲第一人），也是三年就有一个，这如何便是第一等事？在他小小的心灵里，认为只有读书学圣贤，完成自己的德性人格，才是天地间第一等事，才算第一等人。他一下子灵光爆破，透显出了他对圣贤学问与圣贤人格的企向，这当然是很不平凡的。

若说一个小孩何以有这么高远的企向？除了阳明自己那不平凡的生命之外，实因希圣希贤本是古人讲学的普遍意识——学所以学做人，做人则必以圣贤为法。超凡入圣根本不是科第功名的事，而是宗教家所谓"重生"的事。人不重生便永远只是个凡夫俗子，纵然出将入相，也仍然算不得第一等人、第一等事。可惜这个普遍的意识在现代的教育里已经若有若无了。现代的教育实在只是知识技能的教育，在一般知识分子的意识里，只是看重那科名学位之"人爵”，而不知“修其天爵”。因此，教者与受教者都似乎欠缺“脱胎换骨，超凡入圣”的自觉与要求，更没有希圣希贤的器识与志概。需知“志念高则品高，志念低则品低”，大家两眼只望着那科名学位，心里只想着那科名学位，那是不可能有真学问真人品的。没有真人品真学问，又哪里能做出真事业来？陆象山的《白鹿洞书院讲义》，指出当时的士子自开始读书便落于利禄之途，自少至老、自顶至踵，无非为利。他的话说得朱子动心出汗，在座的人甚至有感激流涕的。但如果象山是在今日的学校礼堂里，对着黑压压一大堆的人说那些话，恐怕大家都会是“无动于衷”的吧！孟子说：“今茅塞子之心矣。”什么时候能把阻塞在我们心灵中的那把茅草拔出来，我们也就能“茅塞洞开”“灵光透显”，而企向乎圣贤了。

不过，阳明说那句话，亦只是他那不平凡的生命一下子灵光爆破，在当时他实在还没有立定“必为圣贤”之志，因为他毕竟年岁很小，他那豪迈不羁的性格也还不能使他自己落实下来走圣贤的路，要进入圣贤学问的门径，还有着一长段崎岖多歧的路要他经历哩。

二、执着与跃动

阳明是一个有多方面兴趣的人，他生命中似乎有着一股不可抑遏的力量，隐隐地鼓舞着他热烈地追求，追求他兴趣所及的每一件事。他一方面非常执着，一方面却又非常跃动。因为执着，所以认真；因为跃动，所以狂放。这种性格在他成学之前，表现得尤为强烈而明显（按：所谓狂放只是生命的不羁，它亦是一种真，假不来的。普通的张狂、狂妄，以及文士的荡检逾闲，则只是肆无忌惮，只是生命的放肆塌落，根本不是狂放，更说不上是狂者了）。

他十五岁时出游居庸三关，便慨然兴起经略四方之志，而向慕着英雄豪杰的行径。为了探询胡人的部落种别，察看塞外的地理形势，研讨防御的策略，他这次的边塞生活差不多有一个月之久。

十七岁的秋天，阳明奉亲命从浙江家乡到江西南昌迎亲。成婚之日，他随步走进一座道观——铁柱宫，看到一个道士正在打坐。阳明因着他那不可羁束的好奇心与浪漫的情趣，便向道士叩问养生之道，并试着和道士对坐；又因他执着认真的性情，一坐竟然忘归！他岳丈派人追寻，直到次日早晨才把他找到。可见即使是世人歆羡的小登科——洞房花烛夜，也仍然拘泥不住他那跃动的生命。常人如发生同样的事，必是由于荒唐，而阳明却是由于生命的不羁与性情的真挚。一念真挚，不管天，不管地，当然更不管洞房花烛了。但却不是故意不管，他若是故意不管，存心做作，便是虚伪，而不是真挚。

次年，阳明偕同新夫人回浙江，路过广信（今江西上饶），特地去拜谒当时的大学者娄谅（号一斋）。娄氏为他讲述宋儒格物之学，并勉励他："圣贤必可学而至。"阳明听了，深有所契。从此向慕圣学，而与宋儒讲学的传统开始接上头了。

以上所述是阳明少年时期所显示的企向。他或者从混蒙中灵光爆破而企慕圣贤；或者向往英雄豪杰的行径，慨然有经略四方之志；或者又想着超尘出俗，要学养生之道；终而受到一位儒者的指点，而契慕圣贤之学。但他毕竟还年轻，他的生命仍是不安稳的。下文我们将叙述他成学之前的三变。

第二节

王学的前三变——异质的转变

黄梨洲在《明儒学案》卷十《姚江学案》中有下面一段话：

> 先生之学，始泛滥于词章。继而遍读考亭（朱子）之书，循序格物。顾物理吾心终判为二，无所得入。于是出入佛老者久之。及至居夷处困，动心忍性，因念圣人处此，更有何道？忽悟格物致知之旨。圣人之道，吾性自足，不假外求。其学凡三变而始得其门。

这里所说的三变是“得其门”之前的三变，这是不同内容不同趋向的、异质的转变。

一、泛滥于词章

阳明从小有志于做圣贤，所以在他二十一岁乡试中式（中举人）之后，便正式遵守朱子格物之说做穷理工夫。朱子认为众物有表里精粗，一草一木莫不有理，于是阳明便与友人取竹子来格。他的朋友格了三天便病了。他继续格下去，终于格不出道理来，第七天亦病倒了。这到底是朱子的格物说有问题呢？还是自己不懂呢？他不能断定。他只觉得圣贤是有分定的，不是人人可做的。在他没有悟出头绪之前，他那遏抑不住的生命便转而随世俗学习辞章了。这个阶段竟连续五六年之久。

二十二岁，阳明会试落第，亲友来相慰勉，时相李西涯（东阳）笑道："你今年不中，下一科必能中个状元，你先来作一篇状元赋吧。"阳明听了，即时挥笔而就。诸老群公齐声惊叹道："天才，天才！"但阳明太露才了，事后有人忌妒他，便说："此子若取高第，目中无我辈矣！"三年之后的会试，阳明果然为忌者所抑，再度落第。有一位同舍的落第举子自感羞愧，阳明却对他说："世人以落第为耻，我则以落第而动心为耻。"他真是一个意气昂扬、心胸豁达的人。这一年（二十五岁）他回到家乡余姚，组织诗社。乡前辈魏瀚平时以雄才自放，但当他与阳明对弈联诗，凡有佳句，却几乎全为阳明所得。面对这么一位可畏的后生，他心服了，说："老夫当退避三舍。"

之后，阳明中了进士，观政于工部，与当时的诗文之士乔宇、汪俊、李梦阳、何景明、顾璘、徐祯卿、边贡等人，以才名争驰骋（见《行状》）。其中李梦阳与何景明便是所谓“前七子”的领导人物。但辞章之学到底不能羁络阳明，他生命中跃动的兴趣又要转向了。

二、出入佛老

在二十七岁那年，阳明感到“辞章艺能不足以通至道”，想求师友于天下又难得其人，为此心中惶惑不安。有一天他读朱子《上光宗疏》，看到下面一句话：“居敬持志为读书之本，循序致精为读书之法。”乃悔恨往日探讨虽博，却没有循序以致精，难怪无所得益。于是又第二度循着朱子的路做穷理工夫。这一次虽然“思得渐渍洽浃”，但仍然无所得，而且他发觉顺朱子之路走，事物之理与我的本心终分为二，打不成一片，这时他已意识到问题的症结所在了。在阳明看来，物理与吾心之“为一或为二”，不只是一个哲学思辨的问题，亦不是一个知识上的问题，而是与做圣贤有着密切关系的问题。因为如果理在外而不在吾心，纵然把竹子草木之理格得明明白白，又与我做圣贤成人格有何关系，有何紧要？这是他心中最大的烦闷所在。而他又悟不出心与理如何归一，于是心情抑郁，旧病复发，更觉得圣贤有分，不是人人能做的。这时他偶闻道士谈养生，于是便动了入山修道的念头，而渐渐留心仙道，讲究佛学。

三十岁，阳明因公事之便游九华山。有一位道士善于谈仙，阳明以客礼相待，并向他请教仙道，道士说：“还没到时候。”阳明乃屏退左右，延引他到后亭，再拜而请问，道士又说：“还没到时候。”阳明问之再三，道士说：“你从前堂到后亭，礼虽然很隆重，但始终不忘官相。”阳明倒是很豁达，听他这么说，便一笑而别。九华山地藏洞有一位异人，“坐卧松毛，不火食”，阳明知道了，又引起好奇之心，便攀缘险岩去看他。到达时，那人正在酣睡，阳明抚其足，那人醒而惊问道：“路险，何得至此？”于是便为阳明谈论佛家最上乘的道理，并且说：“周濂溪、程明道是儒家两个好秀才。”后来阳明曾再去找那人，但他已经离去了，阳明怅然，而有“会心人远”之叹。

三十一岁，阳明从北京告病归越（今浙江绍兴），在阳明洞正式做修炼工夫，行导引术，终于修到能够“先知”的地步。一日坐在洞中，忽见他的朋友王思舆等四人出城门，便命仆人赶去迎接。仆人循路迎客，果然与四人相遇。大家都很惊讶，以为阳明得道了。但过了一些时候，他又觉得这是“簸弄精神”，不是道，便放弃了。但他心中还是想离世入山，只因惦念祖母与父亲（母与祖父已先去世）迟疑不能决。后来他忽然觉悟：爱亲之念生于孩提，此念若抛弃，便是“断灭种性”了。

次年，他离开阳明洞，转到西湖养病，又想着要出世做一番事业。有一天游寺庙，看见一个禅僧闭关，据说已经三年不曾说话，不曾开眼了。阳明忽对他大喝一声，说：“你这个和尚，一天到晚口巴巴地说些什么？眼睁睁地看些什么？”那僧人大吃一惊，心想：“我三年不曾说过一句话，你却问我口巴巴说些什么，我三年不曾开过眼，你却问我眼睁睁看些什么，你这话好奇怪呀！”于是不觉睁开两眼，开口与阳明说起话来。阳明问他家里还有什么人，答道：“有老母。”再问：“想念吗？”答道：“不能不想。”阳明便告诉他，爱亲出于本性，人怎能用闭眼闭口来堵塞爱亲的念头呢？一番话把禅僧说得感动流泪，第二天便回家了。

阳明既悟释老之非，表示他的心思已从孝悌一念直接归到仁心天理而当下承担，绝不动摇了。到此之时，心与理为一或为二的大疑团或大烦闷，便已到了彻底解决的时候。但这需要有一步大开悟，这步大开悟又需等待一个大机缘，而这个机缘要到三十七岁他在龙场动心忍性之时方才到来。

三、龙场悟道

在龙场之前几年，我们可以看出阳明已一步步归向生命的正途了。三十三岁他主考山东乡试，亲撰《乡试录》，论及佛老当道，是由于圣学不明；纲纪不振，是由于名器太滥、用人太急、求效太速。其他如礼乐之制，分封清戎，御夷息讼，皆有成法，这颇显示他经世之学的深博。第二年，阳明并倡身心之学于京师，教人先立必为圣贤之志，闻者渐觉兴起，也有愿意执贽及门的。但师友之道久废，一般人大多溺于辞章记诵，不复知有身心之学，所以反而把阳明的讲学看作立异好名。在当时的朝士大夫中，只有陈白沙的弟子湛甘泉与阳明一见定交，共以倡明圣学为事。

三十五岁，武宗即位，宦官柄政，南京科道戴铣等上谏忤旨，逮下诏狱。这时阳明又从内心涌出义愤，抗疏上救，结果触怒太监刘瑾，亦下诏狱，廷杖四十，死而复苏，不久便被远谪到贵州龙场去做驿丞。次年夏天阳明赴谪，刘瑾派人跟踪，意欲加害，阳明几遭不测，辗转流徙，万里跋涉，终于到了龙场，这时已是他三十七岁的春天了。

龙场在今贵州修文县境，地处万山丛棘之中，蛊毒瘴疠，蛇虺侵人，而苗夷之人言语不通，能够通话的只有一些中土亡命之徒——那真是一个非人所居的地方。加上刘瑾憾恨不已，随时有受暗害的可能。阳明此时自觉得失荣辱都能超脱，只有生死一念横于胸中，尚未化除。他特意造了一个石棺，自誓道："吾惟俟命而已。"于是"日夜端居澄默以求静一，久之胸中洒洒，而从者皆病"。阳明此时之"俟命"，是表示将现实中的一切全部放弃，不但得失荣辱不在念中，连自己生死的"意志"亦予以否定。如此全部剥落净尽，即是孟子所谓"空乏其身"。因为身不空乏，则心不充实，而一体之仁心真体亦不能呈现。阳明"日夜端居澄默以求静一"，正是要澄汰胶着于现实的得失荣辱与生死之念，以期生命的海底涌现光明的红轮。他"胸中洒洒"便是红轮涌现前一刻的征候。然而他的从者没有他这样豁达的胸怀，更没有他如此真切的道德践履之自觉，他们在这非人所居的地方很快便病倒了。阳明为他们劈柴挑水做食，又咏诗歌、唱俚曲，并杂以诙笑，为他们娱乐安慰。阳明心想，若是圣人处于此境，他还有更好的方法否？恐怕也只是像我这样做吧！半夜里，他忽然大悟，仿佛寤寐中有人告诉他似的，呼跃而起，从者皆惊。从此他便发明了格物致知的学说。

根据《年谱》的记载，阳明龙场大悟的重要关节是说：“圣人之道，吾性自足，向之求理于事物者误也。”求理于事物，即是求理于心外，这是朱子的路。而阳明在此大剥落之后的大开悟中所亲切印证的，则是“彻通人我物我之界限，而为人生宇宙之大本”的仁心真体（阳明后来所揭示之“良知”，即指此仁心真体而言）。他所悟的并不是《大学》原文如何解释的问题——阳明对《大学》“格物致知诚意正心”当然有他的解释，但那是以后的事。而龙场当时之悟道，则可以用他自己的一句话来说明。阳明曾说：

> 四书五经不过说这心体。（见《传习录》上）

四书五经讲的是圣贤学问。圣贤学问是“生命的学问”，属于内容真理。凡内容真理皆系于一念之觉醒，皆系属于心体。离开心体，便没有圣贤学问。如《论语》以“仁”为主，《孟子》以“性善”为主，《中庸》以“诚”“中和”“慎独”为主，《大学》以“明明德”“诚意”为主。《诗》以“温柔敦厚”为教，《书》以“百王心法”为教，《易》以“穷神知化”为教，《春秋》以“礼义大宗”为教，《礼》以“亲亲尊尊”为教。——凡此皆是属于内容真理而不能脱离主体者。主体即是心，所以说“四书五经不过说这心体”。而龙场大悟所印证的也正是这个仁心真体，故《年谱》

在记述阳明大悟之后，接着又说“乃以默记五经之言证之，莫不吻合”。所谓吻合，当然不是字面上的事，而是说经文义旨亦无非发明心体而已。陆象山所谓“六经皆我注脚”，其意亦是说六经千言万语，不过为我的本心仁体多方印证而已。阳明龙场悟道，悟的便是这个道。契切于此，则物理吾心自然归一。而阳明十年困惑，至此遂告解决。我们如果不明此意，而紧紧把住《大学》原文以求阳明所悟的格物致知之旨，则是所谓“刻舟求剑”，剑去远矣！

第三节
王学的后三变——同质的发展与完成

《明儒学案》又云：

自此（龙场悟道）之后，尽去枝叶，一意本原，以默坐澄心为学。的有未发之中，始能有发而中节之和。视听言动大率以收敛为主，发散是不得已。江右以后专提致良知三字，默不假坐，心不待澄，不习不虑，出之自有天则。盖良知即是未发之中，此知之前更无未发；良知即是中节之和，此知之后更无已发。此知自能收敛，不需更主于收敛；此知自能发散，不需更期于发散。收敛者，感之体，静而动也；发散者，寂之用，动而静也。知之真切笃实处即是行，行之明觉精察处即是知，无有二也。居越以后，所操益熟，所得益化，时时知是知非，时时无是无非，开口即得本心，更无假借凑泊，如赤日当空而万象毕照。是学成之后，又有此三变也。

这后三变与前三变不同。前三变是异质的转变，后三变则是一根同质的发展，是同一个系统的圆熟完成，在工夫上虽有困勉与纯熟之别，在义理骨干上则并没有什么改变。

一、默坐澄心

阳明在濒临生死、百折千难中大悟之后，有如经历一场大病，元气初复，不能不珍摄保养，所以“以收敛为主，发散是不得已”。收敛是意在复其本心，涵养真体。这里把得定，发散时便能不差谬，所以说“的有未发之中，始能有发而中节之和”。这“默坐澄心”的工夫，便是要辨识何者是“真我”（本心真体），何者是“假我”（习气私欲）；将真我端得中正，则假我自然对照出来。这是在收敛之中，一步自觉的主客体分裂之工夫（主体指真我，客体指假我）。这步涵养省察的工夫亦是初阶段所必须经历的，所以阳明或教人静坐，或教人存天理去人欲。兹引《年谱》几段文字以供参证：

> 悔昔在贵阳举知行合一之教，纷纷异同，罔知所入。兹来乃与诸生静坐僧寺，使自悟性体，顾恍恍若有可即者。……所云静坐事，非坐禅入定也，盖因吾辈平日为事物纷拏，未知为己，欲以此补小学收放心一段工夫耳。明道云：才学便需知有用力处，既学便需知有得力处。诸友宜于此处着力，方有进

步，异时始能有得力处也。

学者欲为圣人，必须廓清心体，使纤毫不留，真性始见，方有操持涵养之地。……常人之心如斑垢驳蚀之镜，需痛刮磨一番，尽去驳蚀，然后纤毫即见，才拂便去，亦不消费力，到此已是识得仁体矣。……凡人好易而恶难，其间亦自有私意习气缠蔽，在识破后自然不见其难矣。古之人至有出万死而乐之者，亦见得耳。向时未见得里面意思，此工夫自无可讲处；今已见此一层，却恐好易恶难，便流入禅释去也。

这是《年谱》三十九岁下的二则记述。前一则是阳明谪期届满，赴任庐陵知县，路过湖南常德，与门人冀元亨、蒋道林等会晤时的谈话。阳明在龙场悟道之次年，应聘主讲贵阳书院，曾提出“知行合一”之论。但学者没有经历涵养省察的工夫，对于阳明指点知行本体（良知本体，亦即心体）的“知行合一”之训把握不住，所以“纷纷异同，罔知所入”。后来阳明教人采取“静坐”的方式，正是要人觉察真我与假我，以在“事物纷拏”之中呈露本心真体，所以说“欲以此补小学收放心一段功夫”。次一则是该年十二月在北京与黄宗贤（后亦为阳明弟子）等人论学的话。所谓“廓清心体，使纤毫不留”，亦仍然是收敛察识之功。人能识破“私意习气缠蔽”，刮垢磨光，就如拨云雾而见青天，真性自然呈露，如此便是“识得仁体矣”。学者不到这个地步，无论说东说西，总不是功夫上的真切语，亦总没有一个操持涵养的把柄。而阳明立教都是从他自己的实践中体悟而得，所以言之恳笃真切。

但一般士人科举时文的积习太深了，满脑满腹尽是功名利禄之念。卑污如此，是很不容易唤醒的。阳明为救时弊，又就“高明一路”接引学者，但顾此而失彼，学者又渐入空虚去了。《年谱》四十三岁下记载：

> 客有道：“自滁游学之士，多放言高论，亦有渐背师教者。”先生曰：“吾年来欲惩末俗之卑污，接引学者多就高明一路以救时弊。今见学者渐有流入空虚，为脱落新奇之论，吾已悔之矣。故南畿论学，只教学者存天理去人欲，为省察克治实功。”

按：阳明四十二岁冬在滁州督马政，见诸生多务知解，口耳异同，无益于得，于是便教人静坐，一时亦能窥见光景，颇收近效。但渐渐地有人喜静厌动，流入枯槁；又有人务为玄解妙觉，动人听闻。到四十三岁四月升任南京鸿胪寺卿时，来从学的人日渐增多，阳明为使学者不蹈前病，便只教人以“存天理去人欲”为省察克治的实工夫，而不再取静坐的方式了。所谓天理，即是本心，即是真我；所谓人欲，即是私欲习气，即是假我。“存天理去人欲”虽仍然是主客对照的涵养省察之工夫，但阳明这个宗旨已渐渐地向良知之说而趋了。

二、致良知

阳明四十五岁升都察院左佥都御史，巡抚南赣汀漳等处。次年正月到达江西赣州，自此直到五十岁都在江西。他平诸寇，擒宸濠，在军旅中讲学不辍。这五年间是他学问与事业的鼎盛时期。四十九岁因遭受武宗近侧张忠、许泰诸佞幸之忌恨谗毁，生死一发，益信良知之学可以忘患难出生死。所以在五十岁时，便正式揭示“致良知”三字为口诀，成立讲学宗旨。

阳明解《大学》之“致知”为“致良知”，致是推致、扩充之意；“格物”则为“正物”，而物者事也，事即是行为的终始过程。吾心之良知不但知是知非、知善知恶，而且是是非非、好善恶恶，所以良知即是天理。将良知扩充到底，使它在行为的终始过程中做主宰，以是是而非非，好善而恶恶，则这个行为便必然是善的。表现一个善的行为，便是成就一件善的事，也就是物得其正，如此则知亦致了，物亦格了。所以阳明说：

> 致吾心良知之天理于事事物物，则事事物物皆得其理矣。（见《传习录》中）

事事物物皆得其理，即是事事物物皆得其宜、皆得其正，也就是事事物物皆得其成了。这是阳明讲致知格物与致良知教的主旨所在。

阳明在江右（江西）五年，一面讲学，一面成事功。讲学不辍是提撕警觉，故精神凝聚；成事功是事上磨炼，故深切著明。这个时期的工夫造诣，已经超过第一阶段之“默坐澄心”，而进到成熟之境了。兹依前引《明儒学案》之言，将此一阶段的学养工夫之意义，分为三点说明如下：

（一）收敛与发散圆融而为一：此时他已克服主客体分裂对立之境，所以说“默不假坐，心不待澄，不习不虑，出之自有天则（良知之天理即是天则）”。

（二）未发已发无先后之分：良知即是未发之中，亦是发而中节之和。从寂感说，良知即寂即感，它自能收敛，自能发散，所以说“收敛者，感之体，静而动也；发散者，寂之用，动而静也”。所谓“静而动”“动而静”，意思是说未发之中不是死静，已发之和亦不是盲动——良知之体，静而无静，没有静相，它只是未发之中；良知之用，动而无动，没有动相，它只是发而中节之和，只是天理流行。

（三）知与行合二为一：知得真切，知得笃实，便是行；行得明觉，行得精察，便是知。知的过程与行的过程是相始终的，所以阳明说“知是行之始，行是知之成”。阳明之“知行合一”必须纳入他的“致良知教”中来讲，它不是普通所说的“知识与行为”的问题（按：知识与行为或理论与实践的合一，虽然亦可以统摄到“知行合一”中来讲，但一则阳明所倡说的知行合一与致良知之宗旨，并没有关涉到这一层，二则要想说明这一层的意思，在理论上必须另作思想理路之开发。关于此，请参看下第三、四章）。

学问工夫到了这个境地，便可谓深透而无窒碍了。

三、圆熟化境

阳明在五十岁的秋天自江西返浙江，次年遭父丧，此后五六年间都在越中讲学。五十六岁五月，他奉命兼都察院左都御史，往征思田（思恩与田州，在广西西北边区）苗瑶之乱。他九月出发，年底抵任所，至次年春二月，不折一矢，不戮一卒，苗瑶便感化归服。七月，他又便宜行事，袭平了明初以来屡征不服的八寨断藤峡诸蛮贼。阳明终于积劳成疾，上疏告归。十一月，他在归途中卒于江西南安（今大庾县）。所谓“居越以后，所操益熟，所得益化”，便是指他五十一岁以后的晚年境界——圆熟化境。

不习不虑的良知，并不是习气中的直觉本能，而是随时当下的真实呈现（冯友兰的《中国哲学史》以良知为假设，熊十力先生尝面斥之，曰：良知是个真实呈现，怎能说是假设？然冯氏终不悟）。工夫到了纯熟之境，良知永现做主，所以“时时知是知非”；私意剥尽，了无执着，所以又“时时无是无非”。（按：无是无非不是说不辨是非，而是说本体莹澈，了无私意执着，便不会有由主观好恶而生起的自以为是与自以为非）。凡是有所言说，皆是称本心天理而发，无须假借凑泊，以迁就古人之成说或书本上的典故等等，此即所谓“开口即得本心，更无假借凑泊”之意。良知既已永现做主，它便是心灵中的太阳，便是真理之光。一切是非、善恶、诚伪、得失，等等，亦都在良知之明的朗照之中而无微不显。此时，天理自存，人欲自去，这就是阳明之学所以为“简易直截”的地方。

这一点良知真宰是我们最高最后的准则。这个准则仿佛舟之有舵，一舵在握，“无论平澜浅濑，无不如意；虽遇颠风逆浪，舵柄在手，可免没溺之患矣”（《与邹东廓书》）。但“言良知须大悟，致良知须笃行”，若把良知当作一种光景玩弄，而不实落用功，或者误以情识、意见以及习气中的直觉本能为良知，则不但辜负此知是知非、知善知恶之良知真体，而且将会造成生命的乖舛泛滥与生活上的文过饰非，甚而败坏世道人心与学术风气。所谓王学末流之弊，正是由于对阳明致良知教的宗旨不能真切把握之故。

学问自有“真”，那是假不来的。误认光景、情识为良知，这是“援假入真”，终必横肆决裂，但这只是体认不够真切，其情犹有可悯可恕之处。至于以良知为假设，则是“援真入假”，这不但事关心术，且将断丧学脉，套句孟子的话，那便是“罪不容于死”了。笔者并无意危言耸听，而是深感学问真理之尊严与人生践履之艰难，才说这样的重话的。熊十力先生常说：“为人不易，为学实难。”这是深知甘苦的老实话，亦是体验有得的真切语。阳明一生的经历，便是一个现成的例证。他成学前的三变，是“自我发现”的过程；悟道以后的三变，则是“自我完成”的过程。从“发现自我”到“完成自我”，亦正是他一生践履的过程。这不是思辨的事，乃是实践的事。由此可知，“自我”（德性的我）二字不应作概念看，而应作真实生命看。没有对学问真理的真诚，不从事真实的道德践履，而侈谈“自我”，那必然会“认贼作子”，误妄终生。

附识

·本章论述阳明一生思想之演变与发展主要依据《阳明年谱》。《年谱》系由及门弟子钱绪山主稿，私淑弟子罗念庵校订，完成于阳明卒后之三十五年，在先哲年谱中最为精审。

·本章所述阳明之经历学行亦依据《年谱》。其他有关之征引出处皆已随文注记，不再另列附注。

第二章 阳明学的基本义旨

第一节

良知之天理与感应

一、良知之天理

“良知”一词出于孟子。孟子从爱亲敬长之心指点人的良知。亲亲是仁，敬长是义；人之本心自发地知仁知义，这就是人的良知。推广而言，不但知仁知义是良知，知礼、知是非（道德上的是非）亦是人的良知。阳明即依据此义，而以“良知”综括孟子所说的四端之心。他说：

良知只是个是非之心，是非只是个好恶。只好恶就尽了是非，只是非就尽了万事万变。（《传习录》下）

良知只是一个天理自然明觉发见处，只是一个真诚恻怛，便是他本体。故致此良知之真诚恻怛以事亲便是孝，致此良知之真诚恻怛以从兄便是悌，致此良知之真诚恻怛以事君便是忠。只是一个良知，一个真诚恻怛。（《传习录》中《答聂

文蔚》）

前一则是将孟子所说的“是非之心智也，羞恶之心义也”两者合一，而收摄于良知上讲。因为是非之心的是非乃是道德上的是非，道德上的是非亦就是羞恶（好恶）上的义不义，所以“是非”与“好恶”其义一也。后一则是以“真诚恻怛”说良知，从“恻怛”方面说，是“恻隐之心仁也”；从“真诚”方面说，则“恭敬之心礼也”亦含摄在内。由此可见，阳明是把孟子所并列的四端之心，一起皆收摄于良知，而真诚恻怛便是良知的本体。所谓“本体”，意即“自体”，是意指当体自己的实性，亦即最内在的自性本性。良知之最内在的真诚恻怛之本体自性，在种种特殊的机缘上，便自然而自发地表现为各种不同的天理，如在事亲上便表现为孝，在从兄上便表现为悌，在事君上便表现为忠。孝、悌、忠便是所谓“天理”（道德法则）。

天理并不是外在的抽象之理，而是内在的本心之真诚恻怛；由此真诚恻怛之本心，昭明地自然地朗现出来，便是天理。所以天理之朗现，就在本心良知处发见。“良知”“天理”，名异而实同，因此阳明总说“良知之天理”。阳明认为“良知是天理之昭明灵觉处，故良知即是天理”。[①]牟先生据此而做了一个总结：良知是天理之自然而明觉处，如此则天理虽客观而亦主观；天理

① 见《传习录》中《答欧阳崇一》。按：欧阳德，字崇一，号南野，属江右王门。见《明儒学案》卷十七。

是良知之当然而必然处，如此则良知虽主观而亦客观。①这就是“心即理”“心外无理”“良知之天理”诸语的真实义旨。

昔贤常说，实理所在，千圣同证。阳明之学虽经由自己的独悟而实得于心，但独悟之后一经反省，便觉得与往圣所说无不符契。如像良知之说，便自然合乎孟子。而孟子所说的良知、本心，亦必须如像阳明与陆象山那样悟解，才能定住他的义理宗旨。两千年来，孟子所确定的内圣之学的宏规，除了象山、阳明之外，很少有人能接得上（所谓接得上，是指慧命之相契相续而言。一般文字知解上的偶合相应并不算数）。所以象山、阳明确然是孟子之嫡系。

二、良知以感应之是非为体

如前文所说，阳明凡言“本体”，皆是意指当体自己之实性而言。每一实性（如仁、义、礼、智）皆渗透于其他实性而彻尽之，举其一可，举其二三以至十百亦无所不可。所以阳明或说真诚恻怛是良知之本体，或说“知是心之本体”，或说“定者心之本体，

① 见牟宗三先生《王学的分化与发展》上篇。牟师此文对王学大纲脉之约述极精当透辟，本章颇承述之，凡章内称引牟先生语而未注明出处者皆见于该文——刊于香港中文大学《新亚书院学术年刊》第十四期。

天理也”，或说“乐是心之本体”。[1]因为本心本来就具有种种实性，而每一实性皆意指其当体自己。但我们却不可抽象地去想那个心体自己，因为本心并没有一个隔离的自体摆在那里，依此阳明便说“心无体”。《传习录》下云：

> 目无体，以万物之色为体。耳无体，以万物之声为体。鼻无体，以万物之臭为体。口无体，以万物之味为体。心无体，以天地万物感应之是非为体。

感官（耳目口鼻）在用上见，在应物上见，心在感应之是非上见，故皆曰“无体”。阳明说心无体，当然不是否定本心自体，而是表示本心没有一个隔离的自体摆在那里，让人抽象地悬空去想（你若抽象地悬空去想一个隔离的心体自己，便是玩弄光景）。因

---

① “知是心之本体”“定者心之本体，天理也”皆见《传习录》上。“乐是心之本体”见《传习录》下。“知”即是良知。“定”即程明道《定性书》所谓“动亦定，静亦定”之定。“乐”即《孟子》“反身而诚，乐莫大焉”之乐。或谓唐代圭峰宗密曾说知是心之本体，今阳明亦说知是心之本体，则阳明之悟良知或许是由圭峰宗密而来。按：此种说法只是考据家凑字之习，不知义理之学之规范与甘苦。圭峰之“知”自是佛家之旨，是就如来藏自性清净心而言。阳明之“知”自始即是道德的，是本于孟子本心良知而来，故其言曰：“知是心之本体，心自然会知，见父自然知孝，见兄自然知弟，见孺子入井自然知恻隐。此便是良知，不假外求。”（《传习录》上）此彻里彻外是孟子之旨，与圭峰宗密有何相干？义理之学必发于内心真切之体悟，讲义理之学亦自有义法。除前贤后学以及师弟子间承述接续之外，绝无剽窃别家别派一二词语即可成一义理之说统者。

为本心只是一个感应之是非，除以“感应之是非”为其本质内容之外，并没有其他内容，所以良知本体就在当下感应之是非之决定处见。此外，它没有一个隔离的寡头的本体。

而良知之感应是没有界限的，充量至极，它必然与天地万物相感应（此即函着良知本心之绝对普遍性）。阳明尝谓：“以其明觉之感应而言则谓之物。”[①]由“明觉之感应”说物，则这个“物”既是道德实践的，同时亦是存有论的。道德实践中良知感应所及之物，与存有论的存在之物，两者之间并无距离。因此，良知不但是道德实践的根据，而且亦是一切存在之存有论的根据，而良知亦遂有其形而上的实体之意义。牟先生认为，由此乃可说“道德的形上学”[②]。儒家从孔子讲仁（践仁以知天）开始，通过孟子讲本心即性、尽心知性知天，便已函着向道德形上学走的趋势。再通过《中庸》讲天命之性与至诚尽性，以至《易传》讲穷神知化，则此道德的形上学在先秦儒家便已有了初步之完成。宋明儒继起，则是充分地完成之：象山、阳明是单由孔子之仁与孟子之本心而直接地完成之；而北宋之濂溪、横渠、明道，下开南宋胡五峰以及明末刘蕺山，则是兼顾《论》《孟》与《中庸》《易传》，而有一回旋地完成之。[③]

---

① 见《传习录》中《答罗整庵少宰书》。

② 道德的形上学不是西方哲学传统中的观解地以及客观分解地讲的形上学，而是实践的形上学，亦可曰圆教下的实践形上学。

③ 关于此，请参看牟先生《心体与性体》第一册综论部，台北正中书局出版。至于程伊川与朱子，则另开一系之义理，需别论。

阳明从良知（明觉）之感应说万物一体，与明道从仁心之感通说万物一体，完全相同；这是儒家之通义，无人能有异议。这个意义上的“感应”“感通”，不是感性中之接受或被影响，亦不是心理学中之刺激与反应，乃是“即寂即感，神感神应之超越的、创生的、如如实现之”的感应；这必然是康德所说的“智的直觉”之感应[①]。所以阳明说：“你只在感应之几上看，岂但禽兽草木，虽天地也与我同体的，鬼神也与我同体的……可知充天塞地中间，只有这个灵明。”[②]《传习录》下又载：“先生游南镇，一友指岩中花树，问曰：‘天下无心外之物，如此花树在深山中自开自落，于我心亦何相关？’先生曰：‘你未看此花时，此花与汝心同归于寂，你来看此花时，则此花颜色一时明白起来，便知此花不在你的心外。’”盖良知灵明是实现原理，一切存在皆是在灵明中存在，离却我的灵明（不但是我的，亦是你的、他的，是一个超越而普遍的灵明），一切皆归于无。你若说天地万物千古见在，那是你站在知性的立场说，而灵明并不是知性的。牟先生认为阳明所谓“无心外之物”，并不是认识论上的“存在即被知”。虽也是“存在依于心”，但却不是依于有限心之认识论的、横列的，而是相当于柏克莱的最后依于神心之层次，乃是存有论的、纵贯的。故阳明又云：

① 按：康德并不承认人类能有智的直觉，但良知之明觉、仁心之感通就含有此种直觉。此是中西哲学最大最本质之差异点。牟先生撰有《智的直觉与中国哲学》一书，台北商务印书馆出版，请参阅。

② 见《传习录》下。

> 良知是造化的精灵，这些精灵生天生地，成鬼成帝，皆从此出，真是与物无对。人若复得他完完全全，无少亏欠，自不觉手舞足蹈，不知天地间更有何乐可代？（《传习录》下）

这段话所表示的义理，正同于孟子所谓“万物皆备于我矣，反身而诚，乐莫大焉”。阳明说“良知是造化的精灵”是存有论地说，而“复得他（良知）完完全全”则是实践地说。由“复”而转为“致”，故阳明即进而言“致良知”。

第二节

致良知与逆觉体证

阳明所谓“致”，直接地是“向前推致”之意，等于孟子所说的“扩充”。所谓“致良知”，即是将良知之天理或良知所觉之是非善恶，不使它为私欲所间隔，亦不使它昏昧滑过，而能充分地呈现出来，以见之于行事，以成就道德行为。这“致”的工夫是不间断的，在此机缘上如此，在彼机缘上亦如此，今日如此，明日亦如此，时时事事皆如此，这便是孟子所谓“扩而充之”或“达之天下”。若能这样不间断地扩而充之，则人的生命行为便全体是良知天理之流行，此即罗近溪所谓“抬头举目，浑全只是知体著见；启口容声，纤悉尽是知体发挥”（知体，即良知本体）。亦即孟子所谓“睟然见于面，盎于背，施于四体，不言而喻”。[①]到此地步，才

① 罗近溪语，见《盱坛直诠》卷上。孟子语见《尽心上》篇。按：罗近溪（汝芳），江西南城人，属王门泰州学派，为阳明四传弟子。其辈分虽晚，而实与王龙溪并世（少龙溪十七岁而后卒五年），故世称王门二溪。

可以说是把良知“复得他完完全全，无少亏欠”。因此，“致”字亦含有“复”字义。但“复”必须在“致”中复。这不只是后返以“复其本有”之消极地静态地复，而是向前以“扩而充之”之积极地动态地复。

良知人人本有，亦时时不自觉地呈露，但如何能“致”此良知呢？须知致是表示行动，在致之中即含有警觉的意思，所以“致”的工夫即从警觉开始。警觉亦名曰“逆觉”。逆觉之“逆”，即孟子所谓“尧舜性之，汤武反之”的“反”。在逆觉中即含有一种肯认或体证，牟先生称此为“逆觉体证”。体证是在日常生活中随其时时之呈露而体证，这种与日常生活不相隔离的体证，名曰“内在的逆觉体证”，而与日常生活相隔离的，则名曰“超越的逆觉体证”。不隔离者是儒家实践的定然之则——孟子之“求放心”，《中庸》之“诚之”“慎独”，程明道之“识仁”，胡五峰之“识仁之体”，象山之“复本心”，阳明之“致良知”，刘蕺山之“诚意”，皆是不隔离的内在的逆觉体证；而隔离者则是一时之权机——如李延平之“静坐以观未发气象”，即是隔离的超越的逆觉体证。但延平经过观未发气象之后，必言“冰解冻释”，始能天理流行（见朱子《延平行状》论延平开端示人处）。故知隔离只是一时的，并非定然之则。明得此意，便知此两种逆觉体证虽皆可以承认，但亦不可混同，更不可在此起争端。①

---

① 按：江右王门聂双江倡“归寂”宗旨，而与王龙溪争辩，即是于此见不清。请参看下第五章第三节。

人人有此良知，但为私欲所蔽，则虽“有”而不“露”；即或随时有不自觉的呈露（透露一点端倪），然为私欲气质以及内外种种感性条件所阻隔，亦不能使它必然有呈露，而那点端倪很可能在阻隔限制中又压缩回去。要想自觉地使它必然有呈露，就必须通过逆觉体证。若问良知明觉虽通过逆觉体证而被肯认，但那私欲气质与内外种种感性条件仍然形成阻隔，使它不能顺适条畅地通贯下来以成就道德行为，这时又将如何？对于这个问题的回答是：仍然要靠良知本身的力量。除此，没有任何绕出去的巧妙方法。因为良知明觉若真通过逆觉体证而被承认，则它本身便是“私欲气质与外物之诱”的大克星，它自有一种力量不容已地要涌现出来。这良知本身的力量，便是道德实践之本质的根据。

这种不容已地要涌现出来的力量，只有“心与理为一”的本心才有；若是“心与理为二”的那个空头的理，便没有这种力量。朱子析心与理而为二，又想使理亦通贯下来，因此便不能不绕出去讲其他的工夫，这就是涵养、居敬、格物、穷理那一套。这些工夫并非不重要，但依阳明学的立场来看，这些只能是助缘，而不是本质的工夫。内圣成德之学的本质工夫唯在逆觉体证。人若以助缘为主力，便是本末倒置。凡顺孟子下来者，如象山，如阳明，皆非不知气质之病痛，亦非不知教育学问之重要，但凡这种后天的工夫，皆不是本质的。所以就内圣之学的道德实践而言，必然要从先天心体开工夫而言逆觉体证。但逆觉之觉却不是把良知明觉摆在那里，用一个外来的后起的觉去觉它，而根本是良知自己觉它自己，是良知明觉之自照。所以逆觉体证不是外在的后天的工夫，而是先天的工夫，是道德实践之本质工夫。

本节所述即是“致良知”的本义。

第三节

格致诚正与心意知物

自朱子以后，《大学》一书成为讨论之中心，所以阳明之致良知亦套在《大学》上说。《大学》讲正心诚意致知格物，因此致良知亦需落在“心、意、知、物”的整套关联中来讲。以下，试看阳明如何就《大学》之致知格物而言致良知。

> 若鄙人所谓致知在格物者，致吾心之良知于事事物物也。吾心之良知即所谓天理也。致吾心良知之天理于事事物物，则事事物物皆得其理矣。致吾心之良知者，致知也；事事物物皆得其理者，格物也。（《传习录》中《答顾东桥书》）

在此，阳明提出致知格物之宗旨。阳明解“格物”为“正物”，物即是事[1]。解知为良知，“致知”即是“致良知”。良知本明，知是知非，凡意之所在的种种事为，以及是非之“宜”，与该如何不该如何之“义”，全在良知之本觉中。良知所觉的“是非”“宜”“义”，即是良知之天理。以良知之天理，正意之所及的种种事为，或者说推致吾心良知之天理于意之所及的事事物物，使事事物物皆得到良知天理之润泽而各得其正，这就是格物。据此，则所谓“致知”乃是不让良知为私欲所间隔，而把它推致扩充到事事物物上。但所谓把良知推致扩充到事事物物上，并不是把良知之认知活动推致到事物上，以认识事事物物之理，而是把良知之天理推致扩充到事物上，以使事事物物皆“得其理”（得其合于“良知天理”之理）。而所谓“格物”亦是以良知之天理来正物，以使事物获得真实之完成，并不是以吾人心知之认识活动来穷究事物本身之理。心知之知不是良知之知，而是认知之知，是认知心之活动。故牟先生以为致知格物实有二式：

（一）认知心下之“致知究物”，是认识论的“能所为二”之横列的。这是朱子的路。

（二）良知下之“致知正物”，则是道德实践的“摄物归心、心以宰物”之纵贯的（扩大而言之，则是本体宇宙论的摄物归心、心以成物之纵贯的）。

---

① 阳明《大学问》云：“物者，事也。凡意之所发，必有其事，意之所在之事谓之物。格者，正也，正其不正以归于正之谓也。正其不正，去恶之谓也；归于正者，为善之谓也。夫是之谓格。”

阳明之解“格”为“正”，是以义理系统定，而不是以字义应当如何训诂而定。“格”字原义为感格降神，所以其直接意思是“来”是“至”，“正”则是引申义。而阳明对“心、意、知、物”四者之分析，亦极具义理之关联性。“心”是本心，亦是天心、道心，总之是至善心体。“意”是心之所发。“物”是意之所在。“知”则是吾心之良知，亦即心体之明觉，它是照临于意之上的价值判断之标准。意之发或顺从良知明觉，或不顺从良知明觉，故有善有不善，有诚有不诚。要使意归于善、归于诚，则必须致良知；要使意之所在的物各得其理、各得其正，亦必须致良知。

关于“格、致、诚、正”的全部历程，《传习录》下有黄以方所录一段最为完整而详密：

先儒解格物为格天下之物，天下之物如何格得？且谓一草一木亦皆有理，今如何去格？纵格得草木来，如何反来诚得自家意？我解格作正字义，物作事字义。

《大学》之所谓身，即耳目口鼻四肢是也。欲修身，便要目非礼勿视，耳非礼勿听，口非礼勿言，四肢非礼勿动。要修这个身，身上如何用得工夫？心者身之主宰。目虽视，而所以视者心也。耳虽听，而所以听者心也。口与四肢虽言动，而所以言动者心也。故欲修身，在于体当自家心体，常令廓然大公，无有些子不正。主宰一正，则发窍于目，自无非礼之视；发窍于耳，自无非礼之听；发窍于口与四肢，自无非礼之言动。此便是修身在正其心。

然至善者心之本体也。心之本体那有不善？如今要心正，本体上何处用得功？必就心之发动处才可着力也。心之发动不能无不善，故需就此处着力，便是在诚意。如一念发在好善上，便实实落落去好善；一念发在恶恶上，便实实落落去恶恶。意之所发既无不诚，则其本体如何有不正的？故欲正其心在诚其意，工夫到诚意始有着落处。

然诚意之本又在致知也。所谓人所不知而己所独知者，此正是吾心良知处。然知得善却不依这个良知便做去，知得不善却不依这个良知便不去做，则这个良知便遮蔽了，是不能致知也。吾心良知既不能扩充到底，则善虽知好，不能着实好了，恶虽知恶，不能着实恶了，如何得意诚？故致知者，诚意之本也。

然亦不是悬空的致知，致知需在实事上格。如意在于为善，便就这件事上去为；意在于去恶，便就这件事上去不为。去恶固是格不正以归于正，为善则不善正了，亦是格不正以归于正也。如此，则吾心良知无私欲蔽了，得以致其极，而意之所发，好善恶恶，无有不诚矣。诚意工夫实下手处在格物也，若如此格物，人人便做得，人皆可以为尧舜正在此也。

此段文分五节，义甚明确。首节提及格物之义。次节言修身正心。所谓修身，并不是真的要修这个“身”，乃是要使身体的活动（视、听、言、动）皆合乎礼。而主宰身体之活动的是心。心正，则目之视、耳之听、口之言、四肢之动，自然无有不正。视听言动既无不正，便是身已修矣。故《大学》云“欲修其身者在正其心”。三节言正心诚意。心之本体是至善的，在心体上用不得工夫，工夫唯在心之发动处用，所以说“工夫到诚意始有着落处”。而所谓正心，并不是要正这至善的心体，而是要正心所发动的意念。此即《大学》所谓“欲正其心者先诚其意”。四节言诚意之本在致知。工夫到诚意虽有着落，但意念之诚不诚只有吾心之良知知之，此乃“人所不知而己所独知”者。如果知善而不能“好”，知恶而不能“恶”，便是良知被遮蔽了，便是不能致其知。吾心之良知既不能致（不能扩充到底），则虽知善当好、恶当恶，而终必好善而不能行，恶恶而不能去，如此岂能谓之“意诚”？故《大学》云“欲诚其意者先致其知”。五节言致知在格物。吾心之良知虽然动无不善，但却不是悬空可以致得的，“非即其事而格之，则亦无以致其知”。[①]离了实事，知如何致？譬如，离了孝亲的实事，如何致得孝亲的良知？可见知之致正在物之格（正）处。所以致知是诚意之本，而诚意工夫实下手处又在格物。四句教末句云：“为善去恶是格物。”[②]所谓为善去恶，即是在致良知中纯化意念与纯化意念之内容（意念之内容，即意之所在的事或行为）。自纯化意念而言，是诚意；自纯化意念之内容而言，则是格物。关于诚意、致知、格物之义，阳明另有一段文字，亦言之极为细密清晰而确定：

① 见阳明《大学古本序》。

② 四句教之义理疏解见下第七章。

鄙人之见，则谓意欲温凊、意欲奉养者，所谓意也，而未可谓之诚意。必实行其温凊之意，务求自慊而无自欺，然后谓之“诚意”。知如何而为温凊之节，知如何而为奉养之宜者，所谓知也，而未可谓之致知。必致其知如何为温凊之节者之知而实之以温凊，致其知如何为奉养之宜者之知而实之以奉养，然后谓之“致知”。温凊之事，奉养之事，所谓物也，而未可谓之格物。必其于温凊之事也，一如其良知之所知当如何为温凊之节者，而为之无一毫之不尽；于奉养之事也，一如其良知之所知当如何为奉养之宜者，而为之无一毫之不尽，然后谓之“格物”。温凊之物格，然后知温凊之良知始致，奉养之物格，然后知奉养之良知始致，故曰“物格而后知至”。致其知温凊之良知，而后温凊之意始诚，致其知奉养之良知，而后奉养之意始诚，故曰“知至而后意诚”。（《传习录》中《答顾东桥书》）

按《礼记·曲上》云：“冬温而夏凊。”为人子者，冬天应使父母温暖，夏天应使父母清凉。而温凊奉养之“意”，必须通过具体之实行而后乃能“诚”。不实行而自欺，则虽有其意而意不诚，而温凊奉养之事，亦便不成其为实事。事物之成由于诚意，事物之不成由于不诚意，故《中庸》云：“诚者，物之终始，不诚无物。”有了温凊奉养之意，又必须知如何表现温凊之节与奉养之宜。但知之而不能致，则知为空知而非实知，意亦为虚意而非实意。必须实实地把良知所知的温凊之节与奉养之宜表现出来，方可谓之“致知”。知既致，则知为实知，事为实事。但温凊奉养之事只是“物”，而不可谓之格物，必须充分实行良知所知的温凊之节与奉养之宜而无一毫之不尽，方可谓之“格物”。物既格（正）而知自至。所谓知至，是说良知因致之工夫而至于物，故曰“物格而后知至”。知既至，则知为实知，意亦为实意，故曰“知至而后意诚”。

依阳明，诚意、致知、格物三者虽不是同一，但彼此却因等价关系而统于一。知既致，则意自诚，物自格。故工夫用力处实在于“致知”，而不在“格物”。[①]物之格（事物之正）是因知之致而至于物，以使事物皆得良知天理之润泽而各得其正。知之致是条件，物之格是后果，故阳明曰：“致知焉尽矣。”[②]至于《大学》所云“致知在格物”，只是说明知不能凭空而致，必须在实事上而致之。下句“物格而后知至”，则是倒溯反显语。意思是说，物既正则表示知已因致之工夫而至于物了。故阳明之格物需带致知说。致知是致吾心良知之天理于事事物物，以正此事物，成此事物。而格物（正物、成物）实乃本良知以成用，与《中庸》所谓“成己成

① 分别地说，格物、致知、诚意，甚至加上正心，都是工夫，但却不是四者本身各有一套独特的工夫，而是步步逼进集中于一点而又互相关联着来说，因此只能是一个工夫。在朱子，是步步逼紧而集中于格物，而格物是即物而穷其理，能穷理则知自致、意自诚、心自正。在阳明，是步步逼进而集中于致知，而致知是致良知，吾心良知之天理一旦扩充出来，则物自格（正）、意自诚、心自正。故工夫用力处实在“致知”，而不在“格物”。

③ 见阳明《大学古本序》。

物”，《易传》所谓“各正性命”之义相通。据此可知，阳明之格物义是形上学的，不是认识论的。朱子之格物义则含有认识义。若以认识义之格物考量阳明，或不自觉地以含有认识义之格物去讲说阳明之格物义，那必然会启人之惑而形成搅扰（阳明所谓“心与理一”“心外无理”“心外无物”，亦皆是形上的命题）。故格物即是正物，即是成物。一切事物皆在良知之涵润成就中，摄物以归心，而为心所贯彻，此便是形上的直贯。①

---

① 罗近溪门人杨复所云：“格有通彻之义。通而谓之格，犹治而谓之乱也。格物者，己与物通一无二也。如此则无物矣。有则滞，滞则不通。无则虚，虚则通。物本自无，人见其有，格物者去其妄有而归其本无也。归其本无，此谓知本。”（见《证学篇》，载于《明儒学案》卷三十四。）此即以形上的直贯言格物，正承阳明而来。所谓“归其本无”，即摄物归心，而为心所贯彻。为心所贯，即只见有心，不见有物，全体是一知能呈现，故与物通一无二也。牟先生谓罗近溪之讲学，主要即是诠释此义。又黄道周云：“人有己便不仁。有己便傲，傲便无礼，无礼便与天下间隔；无己便细，细便尽礼，尽礼便与天下通。克己者只是把己之聪明才智一一竭尽，精神力量一一抖擞，要到极细极微所在。事事物物俱从理路练得清明，视听言动无一是我自家气质，如此便是格物物格、致知知至耳。所以天下更无间隔，更无人说我无礼，便是天下归仁。”（见《榕坛问业》，载于《明儒学案》卷五十六。）此段话亦暗合王学，亦是以形上的直贯说致知格物天下归仁也。

第四节

“事”“物”两指与成己成物

阳明既说“心之所发便是意，意之所在便是物”，[①]又说“以其发动之明觉而言则谓之知，以其明觉之感应而言则谓之物”。[②]严格地讲，从“明觉之感应”说物，与从“意之所在”或“意之所用”说物，[③]实有层次上之不同：

（一）从“意之所在”或“意之所用”说物，意与物有种种差别，如意有善与恶之分，物（事）亦有正与不正之异，故必有待于

---

①《传习录》上云：“身之主宰便是心，心之所发便是意，意之本体便是知，意之所在便是物。如意在于事亲，即事亲便是一物；意在于事君，即事君便是一物；意在于……”按：此所谓“物”乃指“事”或“行为”而言，故牟先生称此为“行为物”。

② 见《传习录》中《答罗整庵少宰书》。

③《传习录》中《答顾东桥书》有云：“意之所用必有其物，物即事也。如意用于事亲，即事亲为一物；意用于治民，即治民为一物；意用于读书，即读书为一物；意用于听讼，即听讼为一物。凡意之所用无有无物者，有是意即有是物，无是意即无是物矣，物非意之所用乎？”按：此从“意之所用”说物，与从“意之所在”说物义同。

致良知，而后意得其诚，物得其正。

（二）从“明觉之感应”说物，则没有这些参差，意不待诚而自诚，物不待正而自正。[①]

到意念之动全是良知天理之流行，而意之所在的物亦全合良知天理，此时“意之所在”与“明觉之感应”遂通而为一。而在此良知明觉之感应中有事亦有物，格物之“物”字，既可以是事（行为物），亦可以是物（存在物或个体物）。因此，牟先生认为训“物”为“事”乃就“意之所在为物”而言，不免稍狭。而阳明所谓“事事物物”很可能是“事”“物”两指，因为就明觉之感应而言物，则“物”字必然兼指事物二者而言。例如，阳明所常举喻之事亲、从兄、事君、治民便是“事”，而所事之亲、所从之兄、所事之君、所治之民则是“物”（按：此处所谓“物”是就其为一独立之存在而言之，并无不敬之意）。

“事”在良知之贯彻中而表现为合天理之事，一是皆为吾人德行之纯亦不已。而“物”亦在良知之涵润中而如如地成为物，一是皆得其位育而无失所之差。仁心之感通或良知明觉之感应，必然与天地万物为一体。感应于孺子，即与孺子为一体，而孺子得其所；感应于禽兽草木，即与禽兽草木为一体，而禽兽草木得其所。其余可类推。孔子说“老者安之，少者怀之，朋友信之”，孟子说“亲亲而仁民，仁民而爱物”，亦莫不如此。感应于物，而物

① 按：阳明弟子王龙溪所谓“四无”，所谓“先天之学”，皆是从这里说。参看下第七章。

皆得其所，则人之一切行事，亦自然纯亦不已而事事得其理。就事而言，良知明觉是道德实践的根据；就物而言，则良知明觉即是天地万物之存有论的根据。所以主观地说，是由仁心之感通而为一体；而客观地说，则此一体之仁心顿时即是天地万物的生化之理。仁心如此，良知明觉亦如此。因为良知之真诚恻怛，正就是此真诚恻怛之仁心。《中庸》云："诚者，物之终始，不诚无物。"这个"物"字亦可概括"事"与"物"而言，一切事与物皆是诚体之所贯而使之成始而成终。《中庸》所说，很明显是本体宇宙论的纵贯语句。《中庸》言"诚"，至程明道而由"仁"说（参看其《识仁篇》），至阳明而由"良知明觉"说，其实皆是说的这个本体。阳明落于《大学》言"格物"，而训物为事，训格为正，实是就"意之所在为物"而言。若就"明觉之感应为物"而言，则"事""物"兼赅，而格字之"正"字义，无论在事在物，皆将转为"成"字义。格者，成也；格物者，"成己成物"之谓也。就"事"一面的成己而言，良知明觉是道德创造之原理，引生德行之"纯亦不已"。就"物"一面的成物而言，则良知明觉即是宇宙生化之原理，是道德形上学之存有论的原理，使物物皆如如地各得其所而是其所是，即如此良知明觉即同于天命实体而"于穆不已"。因此，在儒家"内以成己、外以成物"的圆教下，"道德创造"与"宇宙生化"是一，一是皆在良知明觉之感应中而朗现。

康德有"现象"与"物自身"之分。他认为上帝创造万物，是当作"物之在其自己"而创造之。上帝并不创造现象。现象是对人之感性与知性而言，而上帝之创造，则是其智的直觉之创造。是故在智的直觉面前，物只是物之在其自己，而不能是现象。牟先生认为，在良知明觉面前，物亦是如此。以是，明觉感应中之物与事皆不可作现象看。物是“物之在其自己”的物，事亦是“事之在其自己”的事。作为“物之在其自己”的物，不是认知的对象，但可是明觉感应之非对象的如相，亦即智的直觉之所照的非经验对象的如相。作为“事之在其自己”的事，亦不是现象之事。因为明觉感应中的成己之事并不着相，它是在明觉感应中而成就的合乎天理的实德，而不是认知的对象，故不可作现象之事看（若对于感性与知性而为认知之对象，则它即转为现象矣）。因此，在明觉感应中之一切活动与行事，皆是知体之流行与著见，（上第二节所引罗近溪之言，实最圆妙。）皆不可作现象看，而只是如如地在知体中呈现的“在其自己”之如相——如相无相，是为实相。人，从感性与知性方面看，自是有限之存在，凡现象世界中的一切成就，包括尧舜事业、贤哲才慧，皆是有限的，故儒者并不妄自尊大。但若从良知明觉之感应来看，则虽有限而亦无限，此乃当下具足、当体圆满者。孟子所谓“万物皆备于我”“上下与天地同流”，即指示此义。以是，儒者亦不妄自菲薄。可惜康德一间未达，而不承认人类可有此智的直觉。

依牟先生之衡定，中国儒、释、道三家皆可以证成康德的现象与物自身之分。在佛家，对识心而言即为现象，对智心而言即为物之在其自己。在道家，对成心[①]而言即为现象，对玄智而言即为物之在其自己。在儒家，对闻见之知而言即为现象，对德性之知而言即为物之在其自己。但三家在以前都没有像康德那样就现象而摆出一个知识论，因为中国先哲讲学之重点本不在此。但时至今日，则可以而且应该依康德之规模开出之，而使之套于智的直觉中，如是则康德之不足处，亦可得其调适而上遂之发展。[②]

---

①《庄子·齐物论》："夫随其成心而师之，谁独且无师乎？"凡惑情滞着、专执一家之偏见者，谓之成心。

② 关于此一问题之义理展示，请参看牟先生《认识心之批判》《心体与性体》第一册综论部，以及《智的直觉与中国哲学》与《现象与物自身》。

第三章　知行合一

第一节

知行合一说的宗旨

据《阳明年谱》的记载，阳明在龙场悟道之次年，应贵州提督学政席元山之聘，主讲贵阳书院，开始提出“知行合一”之说。但学者未曾经历存养省察的工夫，对于阳明指点知行本体的“知行合一”之训把握不住，所以“纷纷异同，罔知所入”。[①]三数年后，门人徐爱[②]犹未解知行合一宗旨，与同门往复论辩而不能决，于是请问于阳明。《传习录》上载：

爱曰：“如今人尽有知得父当孝、兄当悌者，却不能孝、不能悌，便是知与行分明是两件。”

先生曰：“此已被私欲隔断，不是知行的本体了。未有知

① 此为《阳明年谱》三十九岁下所载语，已引见上第一章第三节，请参看。

② 徐爱，字曰仁，号横山，阳明之妹婿。在弟子中及门最早，亦最贤，惜早卒，年三十一。见《明儒学案》卷十一。

而不行者，知而不行只是未知。圣贤教人知行，正是要复那本体，不是着你只恁地便罢。故《大学》指个真知行与人看，说‘如好好色，如恶恶臭’。见好色属知，好好色属行，只见那好色时已自好了，不是见了后又立个心去好。闻恶臭属知，恶恶臭属行，只闻那恶臭时已自恶了，不是闻了后别立个心去恶。……知行如何分得开？此便是知行的本体，不曾有私意隔断的。圣人教人必要是如此，方可谓之知，不然只是不曾知。此却是何等紧切着实的工夫！如今苦苦定要说知行做两个，是什么意？某要说做一个，是什么意？若不知立言宗旨，只管说一个两个，亦有甚用？”

“知行本体”即是良知本体，亦即是心体。知行本体的自性原本是合一的，它所以不合一，是因为被私欲私意所隔断，所以必须有“致”的工夫以复其合一之体。有些人虽知父母当孝而却不能孝，他之所以知归知、行归行，并不是知行真的为二而不合一，而是他的知行之体（本心）被私意隔断了。有了私意阻隔，他那孝亲的良知便不能“致”，不能致即是不能行，既不能行孝，便算不得真知孝。若是没有私意隔断，则其孝亲之良知自然能“致”于父母而表现为孝行，如此便是“知行合一”，便是复得那知行本体了。《大学》举“如好好色，如恶恶臭”，以指个真知行与人看，这个“真知行”即是知行的本体。阳明引述《大学》此言以指证知行合一，最为亲切。[①]

阳明又说：

> 知是行之始，行是知之成。圣学只是一个功夫，知行不可分作两件事。（《传习录》上）

吾心之良知，是知善知恶、好善恶恶的。知善知恶是“知”，而好善恶恶则是“行”。当我心知善恶时，便已好此善、恶此恶了，所以说“知是行之始”（这意念萌动处的内部之行，可以称之为意念心行）。反之，当我实好此善、实恶此恶之时，则不仅表示我知善知恶之知为真知，而且表示我这知善知恶的知业已具体落实而成为真实的行为了，所以说“行是知之成”。——这时的行已由内而形诸外，而表现为视听言动的外部行为了。内外通而为一，亦就是知行合而为一。总之，知得真切，知得笃实，便是行；行得明觉，行得精察，便是知。知的过程与行的过程是相始终的。因此，知行功夫只

---

① 按：《传习录》下有黄直所记一则云：“先生尝谓：人但得好善如好好色，恶恶如恶恶臭，便是圣人。直初时闻之觉甚易，后体验得来，此个功夫着实是难，如一念虽知好善恶恶，然不知不觉又夹杂去了。才有夹杂，便不是好善如好好色、恶恶如恶恶臭的心。善能实实的好，是无念不善矣，恶能实实的恶，是无念及恶矣，如何不是圣人？故圣人之学只是一诚而已。”人果真好善如好好色、恶恶如恶恶臭，自然念念皆善而无恶，亦遂事事皆善而无恶，如此便是知行贯通而为一。诚者，实也，一也，直也。真实无妄，纯一不二，直而无曲，此便是复得那知行本体，便是知行合一。

是一事，知此善时便已好此善了。反之，既好此善，当然表示已知此善，只要不为私意私欲隔断，知行本就是一而非二。所以阳明又说："知是行的主意，行是知的工夫。""只说一个知，已自有行在，只说一个行，已自有知在。若识此宗旨，说知行做两个亦不妨，亦只是一个，否则便说做一个亦有甚用，只是闲说话。"①

> 问知行合一。先生曰："此须识我立言宗旨。今人学问只因知行分作两件，故有一念发动，虽是不善，然却未曾行，便不去禁止。我今说个知行合一，正要人晓得一念发动处，便即是行了。发动处有不善，就将这不善的念克倒了，需要彻根彻底，不使那一念不善潜伏在胸中。此便是我立言宗旨。"（《传习录》下）

常人将知行分作两件，故以为意念是意念，行为是行为，心中虽有不善之念，只要尚未做成不善之行，便自我原谅，不知警惕。殊不知"正行"必须从正心诚意做起，心体虽无不善，但心所发出的意念却有善有恶，作善作恶之几正在此一念发动处。一念之微即是圣凡正邪分界的关口，不可不慎。阳明曾说"知善知恶是良知"。意念发动处的善恶，良知自然知之，这是"知"；善念恶念既已萌动，便是行为之始端，也就是"行"了。所以知与行是同时并起的（因为知行本体是一而非二），是"即知即行"的。识得此

① 见《传习录》上。

意，自能随时随事“去人欲，存天理”。意念一萌，便立即彻根彻底将它克倒，不使任何一念不善潜伏在心中。——这就是阳明言“知行合一”之教的宗旨所在。

第二节

学行合一与知行合一

夫问思辨行皆所以为学，未有学而不行者也。如言学孝，则必服劳奉养，躬行孝道，然后谓之学，岂徒口耳讲说，而遂可谓之学孝乎？学射则必须张弓挟矢，引满中的。学书则必伸纸执笔，操觚染翰。尽天下之学，无有不行而可言学者，则学之始固已即是行矣。笃者，敦实笃厚之意；已行矣，而敦笃其行，不息其功之谓尔。

盖学之不能以无疑即有问，问即学也，即行也；又不能无疑即有思，思即学也，即行也；又不能无疑则有辨，辨即学也，即行也。辨既明矣，思既慎矣，问既审矣，学既能矣，又从而不息其功焉，斯谓之笃行，非谓学问思辨之后而始措之于行也。是故以求能其事而言谓之学，以求解其惑而言谓之问，以求通其说而言谓之思，以求精其察而言谓之辨，以求履其事而言谓之行。盖析其功而言则有五，全其事而言则一而已。此区区心理合一之体，知行并进之功，所以异于后世之说者正在于是。今吾子特举学问思辨以穷天下之理而不及笃行，是专以学问思辨为知，而谓穷理为无行也已。天下岂有不行而学者耶？岂有不行而遂谓之穷理者耶？明道云：“只穷理便尽性至命。”故必仁极仁，而后谓之能穷仁之理；义极义，而后谓之能穷义之理。仁极仁，则尽仁之性矣；义极义，则尽义之性矣。学至于穷理，至矣！而尚未措之于行，天下宁有是耶？是故知不行之不可以为学，则知不行之不可以为穷理矣。知不行之不可以为穷理，则知知行之合一并进，而不可以分为两节事矣。

夫万事万物之理不外于吾心，而必曰穷天下之理，是殆以吾心之良知为未足，而必外求于天下之广，以裨补增益之，是犹析心与理而为二也。夫学问思辨笃行之功，虽其困勉至于人一己百，而扩充之极，至于尽性知天，亦不过致吾心之良知而已。良知之外岂复有加于毫末乎？今必曰穷天下之理，而不知反求诸心，则凡所谓善恶之几、真妄之辨者，舍吾心之良知，亦将何所致其体察乎？吾子所谓“气拘物蔽”者，拘此蔽此而已。今欲去此之蔽，不知致力于此，而欲以外求，是犹目之不明者，不务服药调理以治其目，而徒伥伥然求明于其外，明岂可自外而得哉？（吾子所谓）“任情恣意”之害，亦以不能精察天理于此心之良知而已。（《传习录》中《答顾东桥书》）

此段分为三节。首节是举实际之事，例如，学孝、学射、学书，以说明“学”与“行”之合一。其意易明，不烦多释。

次节是就“博学、审问、慎思、明辨、笃行”而说。阳明认为学、问、思、辨、行五者，“析其功而言则有五，全其事而言则一而已”。凡人有疑而问、而思、而辨，此即是“学”，即是“行”。既不可以“学、问、思、辨”四者属于“知”，而将“知”与“行”分而为二，亦不可以“学、问、思、辨”为“穷理”，而将“穷理”与“行”分开。天下没有不行之学，亦没有不行之穷理。故不行不可谓之学，不行亦不可谓之穷理。

“穷理”不专是“知”之事，这个意思程明道早已说过。他说：“穷理尽性以至于命，三事一时并了，元无次序，不可将穷理作知之事。若实穷得理，即性命亦可了。”[①]了是了当之了，不是明了之了、了解之了。一时并了，自然没有先后次序之可分。在穷理、尽性、至命三事之中，“穷理”是个重要的关键。所谓“不可将穷理作知之事”，意即不可将穷理作为外在之知解看。若将穷理视为外在之知解，便与尽性、至命有了次序，而三事便不能“一时并了”。穷理乃是究明“性命之理”，究明至极而朗现之，才可以说“若实穷得理，即性命亦可了”。明道所谓穷理尽性至命，三事一时并了，实已函有“知行合一”之义，故阳明特引以为言。

依阳明，“穷理”即是“尽性”，[②]仁之理即仁之性（性即理也）。所谓“仁极仁”，即是将仁推扩到极处，亦就是“致”其仁的意思。推致吾心之仁，而后吾心之“仁之理”始能“穷”。仁如

---

① 见《二程遗书》卷二上。

② 请参看下第六章第三节。

此，义亦然。吾心之仁理穷，而后吾心之仁性尽。而吾心之仁即是吾心之真诚恻怛，亦即吾心良知之天理。“穷”吾心良知之天理，即是“致”吾心良知之天理。如此，“穷理”与“致知”便关联在一起了。良知致于物则物格（正），而致知又为诚意之本，致知则意诚，意诚则心正，如此，“穷理”与“格物”“诚意”“正心”亦相关联了。所以阳明所说的穷理，并不是穷究外在事物之理，而是“格、致、诚、正”四者兼备所成的穷理。物之格、知之致、意之诚、心之正，皆有待于“行”以贯彻之。行以贯彻之，然后良知之天理穷尽而无遗，此便是致良知中之知行合一。所以说“学至于穷理，至矣”。

第三节是进一步说明万事万物之理不外乎吾心，而“学问思辨行”亦不过致吾心之良知而已。这是将“学行合一”归于致良知，而从根本上说“知行合一”。

但细究起来，学行之合一与致良知中之知行合一，意义似不相同。因为说“问、思、辨”即是“学”、即是“行”，等于是说问就要实际去问，思就要实际去思，辨就要实际去辨。这个意思朱子以及与阳明论难之顾东桥皆不会有异议。依阳明的讲法，虽可说明“学、问、思、辨”与“行”合一，但却无碍于朱子与顾东桥仍然将学问思辨的穷理与道德实践的笃行分开来说。因为学问思辨之穷理中的“行”，很可以只是实际去做，认真去做，这是做一件事（去学、去问、去思、去辨）；道德实践中的“笃行”，则可以只注意道德动机之纯不纯，以及道德行为之是不是与善不善。这二种“行”的意思并不相同，是属于两层的事。

阳明所讲的致良知中的知行合一，实是将穷理解为“在行中穷尽良知之天理”，而并不是穷究外在事物之理。良知之知是指导，而且决定吾人行为之是非善恶的当然之理。因此当良知“知而决定”之时，“行”即随而含在其中，故知行不可分开说。在这个意义上讲知行合一，是就“道德实践之行”而再向里透，以说明此道德实践之“行”如何可能之先天根据。这是正视道德实践之本源问题，而这个本源（先天根据）即是良知之天理。这样讲的穷理（在行中穷尽良知之天理）与求知之学问思辨中的穷理可以两不相涉，以是致良知中之知行合一实不同于“学行合一”，亦不是普通所谓知识与行为的问题。我们既不能站在学问思辨之穷理的立场而说良知有所不足，亦不可因为讲致良知之知行合一而抹杀属于求知的学问思辨之穷理。

学问思辨之穷理是穷究外在事物之理，这是实然的知识之学。而良知所知者，则是道德上的是非善恶，是“应事接物”之理，这是属于应然之判断的事。

阳明曾说：

> 圣人无所不知，只是知个天理；无所不能，只是能个天理。圣人本体明白，故事事知个天理所在，便去尽个天理；不是本体明后，却于天下事物都便知得、便做得来也。天下事物，如名物度数、草木禽兽之类，不胜其烦，圣人须是本体明了，亦何缘尽知得？但不必知的自不消去知，其所当知的圣人自能问人。如“子入太庙，每事问”之类，先儒解为虽知亦

问，敬谨之至，此说不可通。圣人于礼乐名物不必尽知，然他知得一个天理，便自有许多节文度数出来。不知而能问，亦即是天理节文所在。（《传习录》下）

就良知天理而言，圣人无所不知，无所不能。就事物知识而言，圣人亦有所不知，有所不能。他所不知不能的，若依理而当知之、当能之，则圣人自会本乎他的良知天理之判断决定，而向人请教，向人学习；若是理所当为、义所当行之事，圣人亦自会去做。①实则不但圣人如此，常人亦然。人间一切事业其实都是本乎良知天理之决定而步步做成，人经由学问思辨以穷理求知，亦仍然是本乎良知之要求而发愤致力。就此而言，良知亦正圆满自足，无有欠缺。所以说“知得一个天理，便自有许多节文度数出来”。

① 按：《传习录》上载徐爱问：“如事父一事，其间温清定省之类有许多节目，亦需讲求否？”先生曰：“如何不讲求？只是有个头脑，只是就此心去人欲存天理上讲求……此心若无人欲，纯是天理，是个诚于孝亲的心，冬时自然思量父母的寒，便自要去求个温的道理；夏时自然思量父母的热，便自要去求个凊的道理，这都是那诚孝之心发出来的条件……《礼记》言：孝子之有深爱者必有和气，有和气者必有愉色，有愉色者必有婉容。——需是有个深爱做根，便自然如此。”据此可知，良知之学并不轻忽节目时变，只是必须以良知天理做头脑，便自然会依其本末先后之序而去尽那节目时变。

第三节

致良知中的知行合一

知之真切笃实处即是行，行之明觉精察处即是知。知行工夫本不可离，只为后世学者分作两截用功，失却知行本体，故有合一并进之说。……此虽吃紧救弊而发，然知行之体本来如是，非以己意扬抑其间，姑为之说以苟一时之效者也。

“专求本心，遂遗物理”，此盖失其本心者也。夫物理不外于吾心，外吾心而求物理，无物理矣。遗物理而求吾心，吾心又何物耶？心之体，性也，性即理也。故有孝亲之心即有孝之理，无孝亲之心即无孝之理矣，有忠君之心即有忠之理，无忠君之心即无忠之理矣，理岂外吾心耶？晦庵谓人之所以为学者，心与理而已。心虽主乎一身，而实管乎天下之理；理虽散在万事，而实不外乎一人之心。是其一分一合之间，而未免已启学者心理为二之弊。此后世所以有“专求本心，遂遗物理”之患，正因不知心即理耳。夫外心以求物理，是以有暗而不达之虑；此告子“义外”之说，孟子所以谓之不知义也。

心一而已，以其全体恻怛而言谓之仁，以其得宜而言谓之义，以其条理而言谓之理。不可外心以求仁，不可外心以求义，独可外心以求理乎？外心以求理，此知行之所以二也。求理于吾心，此圣门知行合一之教，吾子又何疑乎？（《传习录》中《答顾东桥书》）

吾心之良知是“知”，致吾心良知之天理于事事物物是“行”。知得是非善恶“真切笃实”，便自然是其是而非其非、好其善而恶其恶，所以说“知之真切笃实处即是行”。视、听、言、动而达于“明觉精察”，便自然知是知非、知善知恶，所以说“行之明觉精察处即是知”。知行只是一事。阳明讲“知行合一”虽为救弊而发，却不是只在效验上说，而是知行之体本来如此，知行工夫本不可离。一切道德价值，皆在知行合一中而成就。知善知恶之“知”，与好善恶恶、为善去恶之“行”，是同时并起，一以贯之的。故牟先生曰：“知行合一者，心之灵觉天理与身之行为历程圆融无间、以成此全体透明而无隐曲之天理流行也。此直而无曲、圆而无缺、盈而无虚之教也。”①

---

① 语见《王阳明致良知教》第二章。按：知行合一之教本是直而无曲之教，然落实于人行，则亦不免有“曲”。一是因私意私欲之隔断而出现曲。有此一曲，知行便不能合一，故须有“致”之工夫以复其合一之体，否则生命便物化矣。另一种曲是由于求知识，在求知识之过程中，认知的心与事物之理形成主客观之对立，此便是曲。凡知识皆是在此一曲中而成就，故此种曲是必要的。

若有良知之照临，则此曲所形成之物化是暂时的，不是真物化，反而是生命之凝聚。但若歧出而不返，不能会归于大道之直，则此一曲虽足以成就知识，亦只是物化。故曲必以直为根，而哲学之能事，无非“以曲导曲以成直”而已。

真要说明知行之体何以是合一的，则必须从“理不外心，吾心即理”之义上说，亦即必须归到致良知于事事物物上说。

仁义即是吾心之理，仁义既内在，则理亦必内在；不可外心以求仁义，当然亦不可外心以求理。所以说“有忠孝之心即有忠孝之理，无忠孝之心即无忠孝之理”。忠孝之理即含在忠孝之心中。有是心即有是理，无是心即无是理。“心”与“理”因等价关系而统于一，阳明即就此而说“心即理”。[①]凡说“心即理”，首先需知“心为天心，理为天理，理由心发，即在心中”。阳明所说的“心”正是天心、道心，亦即孟子的本心。阳明所说的“理”正是天理、道理，亦即道德的实体之理。虽用“物理”二字，实即“事理”之意。而事理也不是指事物本身之理，而是吾心应事接物之理，应事接物之理即是道理，亦即吾心良知之天理。可见阳明所说的心绝不是认知的心，他所说的理亦不是知识的物理。如果心是认知的心，理是知识的物理，则心与理不但为二，而且亦有内外之分，如此便不能说“心即理”。良知之天理由内出，由心发，而知识的物理却是客观外在的，不由内出，不由心发。[②]所以自认知的心与知识的物理而言，心与理不一，知与行亦不一。若自天心天理而言，则心理为一，知行亦合一。若是天心天理处

① “心即理”之说始发于陆象山。说本心即是天理，等于说良知即是天理，故象山、阳明皆是孟子学。心即理之义蕴，参看下第八章第一节。

② 知识的物理是否亦可以统摄到致良知教中来讲？关于此，将在下章加以讨论。

之知行仍不合一，则关键只在良知不能“致”。有一念明觉而不能致，则知自知，行自行，知行自然隔成两截而不合一。所以知行之“合一”，必须与良知之“致”关连在一起说。

> 或疑知行不合一，以知之匪艰二句为问。先生曰：良知自知原是容易的，只是不能致那良知，便是“知之匪艰，行之惟艰”。（《传习录》下）

良知本明，自然知是知非、知善知恶，所以说“良知自知原是容易的”，此便是“知之匪艰”。但人为私欲所蒙蔽，为气质所局限，常常不能“致”那良知；良知不能致于物，则事物不得其正，不得其成，此便是“行之惟艰”。要使良知能够致于物，仍然要靠良知本身之力量。[1]“知之匪艰，行之惟艰”二句本是殷贤相傅说对高宗之言[2]，其本意也不在比较知行之难易，而在提醒人归于行（实践）。而行的本源（先天根据）则是良知之天理，若能致此良知之天理，则知行自然合一；既是一而非二，便不再有难易之可分。——至于中山先生“知难行易”之说，乃是就知识与行为而言，其旨亦在勉人力行。因为知识之理繁博深广，知之甚难，而依其原理公式与既定之程序去做，则行之又甚易。知之难，由先知先觉负责解决，至于后知后觉与不知不觉之人，只需服膺先知先觉之

---

① 此义，上第二章第二节有较详之说明，请参看。
② 见《尚书·说命》篇。原句作“非知之艰，行之惟艰”。

指导，力行实践即得。中山先生这个意思，与孔子“民可使由之，不可使知之”的义旨，却正有相通之处。[①]

① 孔子之言见《论语·泰伯》篇。行之甚易，故“可使由之”；知之甚难，故“不可使知之”。“不可”非禁止之辞，实由国家之施政与事物之理往往繁赜曲折，无法使民众尽知其所以然之故耳。

第四章 良知与知识

儒家的“内圣之学”实际上即是“成德之教”。成德的最高目标是圣，是仁者，是大人，而它的真实意义则在：于个人有限的生命中取得一个无限而圆满的价值。所以在儒家，道德并不是停在有限的范围内（故与西方之认道德和宗教为对立之两阶段者并不相同）。道德行为固然有限，而道德行为所依据的实体以成其为道德行为者，则无有限极、无有穷止。人随时随处体现这个实体，以成其为道德行为之“纯亦不已”，此便是所谓尽心尽性以成德，这个成德的过程是无穷无尽的。要说不圆满，永远不圆满，所以自孔孟开始，儒者从来不敢以圣人自居。但要说圆满，当体即圆满，圣亦随时可至，所以孔子说：“我欲仁，斯仁至矣。”同理，要说解脱，这就是解脱；要说得救，这就是得救。但儒家成德之教却不在于计较圣不圣、解脱不解脱或得救不得救，要者是在自觉地做道德实践，本于本心性体以彻底清澈自己的生命。——这将是一个无穷无尽的工作，而一切道德宗教的奥义尽在其中，一切有关内圣之学的义理亦由这里展开。这“成德之教”是先秦儒家本有的宏规。自孔子之“践仁以知天”，曾子之“守约、慎独”，到孟子之“尽心尽性知天”“存心养性事天”

以及“修身以俟命”，即是这个成德之教的宏规之全部展开。[①]而《易·乾·文言》云：“夫大人者，与天地合其德，与日月合其明，与四时合其序，与鬼神合其吉凶，先天而天弗违，后天而奉天时。天且弗违，而况于人乎？况于鬼神乎？”这几句话实可说是成德之教的极致。宋明儒者所弘扬的便是这个成德之教的宏规，而阳明的致良知教亦可说是这成德之教的一个圆满的结穴。

“良知”不是闻见之知，而是德性之知。闻见之知是否可以统摄于致良知教？这就是本章所要讨论的问题。

① 《象山语录》曰：“夫子以仁发明斯道，其言浑无罅缝。孟子十字打开，更无隐遁。”所谓“十字打开”，即是以“心、性、天”将此成德之教的宏规全部展开。

第一节

德性之知与闻见之知

“德性之知”与“闻见之知”的分别由张横渠首先提出。他说：“见闻之知乃物交而知，非德性所知。德性所知不萌于见闻。”又说：“诚明所知乃天德良知，非闻见小知而已。”[①]所谓德性之知，即是发于性体之知，亦即“知爱知敬、知是知非，当恻隐自然恻隐，当羞恶自然羞恶，当辞让自然辞让”之知。这种知由本心性体自己起用，当然不假于见闻，不萌于见闻。《中庸》云：“诚则明矣，明则诚矣。”诚体起明，明即是诚体之朗润与遍照[②]。《中庸》这两句话实可穷尽本心性体以及性与天道的全蕴。

---

① 横渠之言见于《正蒙》。前数句见《大心篇》，后数句见《诚明篇》。

②《中庸》二十一章云：“自诚明谓之性，自明诚谓之教。诚则明矣，明则诚矣。”按：诚是体，明是用。自诚明是即本体即工夫，自明诚是即工夫即本体。诚则明是即体显用，明则诚是即用见体。明是诚体自明，诚体起明，是自起的，故曰明即是诚体（性体）自己之朗润与遍照。

诚明起“知”，这个知是德性之知，亦即天德良知。天德良知是大，闻见之知是小。但天德良知却不是一个隔离的抽象体，而是由“通天人、合内外、一小大”而见其为具体而真实的诚明之知用。当天德良知具体流行于实事，则它虽不囿于见闻，但亦不离乎见闻。如是，则闻见之知亦只是天德良知之发用。故阳明云：

> 良知不由见闻而有，而见闻莫非良知之用。故良知不滞于见闻，而亦不离于见闻。孔子云：“吾有知乎哉？无知也。”良知之外别无知矣。故良知是学问大头脑，是圣人教人第一义。若云专求之见闻之末，则是失却头脑，而已落于第二义矣。近时同志中盖已莫不知有致良知之说，然其功夫尚鹘突者正是欠此一问。大抵学问功夫只要主意头脑是当。若主意头脑专以致良知为事，则凡多闻多见莫非致良知之功。盖日用之间见闻酬酢虽千头万绪，莫非良知之发用流行，除却见闻酬酢，亦无良知可致矣。故云只是一事。（《传习录》中《答欧阳崇一》）

阳明说良知之外别无知矣，这当然不是颟顸地排斥见闻之知，而只是表示“致良知”方是学问大头脑。人若“专以致良知为事，则凡多闻多见莫非致良知之功”。因为致良知的本义就是要将吾心良知之天理扩充出来，以贯到事事物物上，以使事事物物得其真实之成就。为成就事物所必需的见闻知能，吾心之良知自会发出命令，使吾人去见、去闻、去求知、去习能，这全是良知要求我们如此去做[①]，所以说“日用之间见闻酬酢虽千头万绪，莫非良知之发用流行”。而且致良知并不是凭空可以致得的，必须落在实事上才能致知以格物（正物），离了实事则知亦不能致，所以阳明又说“除却见闻酬酢，亦无良知可致矣”。此则所谓“良知不滞于见闻，而亦不离于见闻”。

德性之知（良知）与闻见之知（知识之知）二者之间的关系，唐君毅先生曾列为四种加以解析[②]，兹约述其意介绍于后。

第一种是德性之知直接通过闻见之知而表现。譬如，见当前之人而知其为父母，又见父母之面容憔悴而知其有病，于是我即趋前问病而心怀忧虑。知其为父母与知其有病，是知一个实然之事，这是见闻知识之知。我之趋前问病而心怀忧虑，则是德性之知（孝亲的良知）之自然流露。我的孝亲之良知（亦即孝心），是直接通过我知其为亲与知其有病的见闻知识之知而表现。就“良知直接运用知识并即当下通过知识以流行”而言，可说是德性之知与见闻知识之知同时俱现的同一关系。

第二种是德性之知与知识之知表面相斥而更迭呈现之关系。人依于他的德性之知，便可以肯定“具有真理价值之知识本身”即是一种“善”，而人亦应当具有这种善，于是决定引发一求知之活动以成就这种知识。因此，成就知识原本就是吾人之良知所决定。但当我依照良知之决定而投身于纯粹求知（如研究数学之知识或真

---

① 请参看上第三章第二节末段及其第七条注文。

② 见唐君毅先生《中国哲学原论》上册第十章之结论。香港人生出版社印行。

理）的活动之后，我心中便只有一个求知识的目的或兴趣，而全然忘怀了这个求知活动原本是由良知所引发所决定的。这时良知便隐退到后面而暂时不呈现，只有当我懈怠于求知或求知活动间断之时，那天的良知才再度呈现出来，而发出“不可懈怠间断”“应当求知以获得真理”之命令，以促使我继续求知。然而当我再度依良知之决定而继续求知之活动时，良知亦再度隐退而暂不呈现。由此可知，求知活动进行则良知隐退，求知活动间断则良知呈现。如此三度四度……互为隐现，便显出二者之间表面上相斥而更迭呈现之情形。人往往只注意这表面之相斥，便说二者之间没有通路，于是或一往尊尚知识之知而忽视德性之知，或只直接本于其德性之知以运用现成之知识，而忽略求知活动本身之重要。如此一来，便导致一种人为的二种知（良知与知识）之分裂。其实，求知活动本由良知所引发，进入求知活动之后，亦仍然有良知静居于超自觉之境以支持此求知之活动。可见二者之内在关联实未尝中断，它暂时之隐退是为了使求知活动得以独立进行以获得客观之真理，这正是良知本身盛德至善的表现。因此，就“一切求知活动皆有良知静居于超自觉之境而加以支持”而言，则一切求知活动之进行，以及一切知识上点点滴滴之成就，皆是良知在后面支持所造成的功绩，皆是良知的间接表现。以上所说是良知与知识活动更迭呈现所显示的表面相斥之关系。

第三种是德性之知与知识之知所形成的目的与手段之相从的关系。人本于良知以发动一当有之行为（如为父母治病），但要使此一行为在具体特殊之情境中贯彻实现，却又发觉只循我之良知以及现有知识之运用并不足以达成目的，于是我便自觉地暂时节抑良知原先所发动之行为而安静下来，以求面对此一具体特殊之情境讲求一套应付之道，以获得进一步之知识，并即依据这种知识，以规定我此后所当采取之行为，以达成原先之目的。在这种情形之下，我是为了达成良知所决定之目的，而自觉地另建立一求知之活动，以作为“达成良知所决定之目的”的手段。这作为手段的知识活动，是依从于良知所决定的目的而来。良知既肯定当有此一目的，便亦含蕴当有此一手段。就此而言，德性之知与知识之知二者之间，既是目的与手段之相从的关系，而同时亦是理论上的含蕴关系。

第四种是德性之知与知识之知交互并存之关系。当人已知“我所处之具体特殊之情境”，明显地与“我之良知命令或良知所认可之全幅要求”相冲突时，便欲在此“已知”的知识之外另求一改变现状之可能，亦即希望有一种“改变当前情境”之知识。此种知识是良知所欲求得而使之建立于事实者。等到此一知识终不能建立，而良知之全幅要求不能完全实现之时，则良知又回头自愿承受原所已知的“当前情境与良知之要求相冲突”之知识，以及“当前情境无可改变”之事实，并且准备承担此一事实所关联的命运、缺憾与罪戾。兹以忠孝不能两全之情形为例。忠与孝皆是良知之要求，当人已知忠孝不能两全时，起初人必仍然相信有一较善或最善之道可以求得，以期忠孝之庶可两全。等到发现良知所要求的“尽忠”“尽孝”只能实现其一时，于是两种要求即自相冲突以争求实现。此时，我之良知即需再加衡量，以判别此时此地实现“忠”与实现“孝”之价值，二者孰大孰小、孰轻孰重，以做一最后之决定。而这最后之决定，无论如何皆无法使良知自己之要求（二个或二个以上）获得全副满足。因此，这最后之决定必然是一悲剧之决定。至此，我之良知又需决定自身承担这最后之情境所导致的悲剧之命运，以及承担由此而引生的一切缺憾罪戾而无悔。这就是良知所作的最庄严神圣的表现。在此情形之中，人当初本于良知之愿望而欲建立一改变当前情境之知识，以及其后自愿承受一与初愿相违之知识活动（知当前情境之无可改变，因而判断良知之诸要求孰轻孰重以作一决定，以及知决定后所导致之悲剧命运，此即与初愿相违的一套知识活动），乃宛若良知活动流行中一阳一阴之两种节奏。良知之愿望表示阳，知“良知愿望不能充分实现而需承受一悲剧命运”之知识表示阴。此二者，良知皆可依其心愿而自觉地予以肯定或承受。就此而言，良知与知识之关系即可称为一交互并存之关系。

在今日，科学早已形成一独立的知识领域。但所谓独立，亦只是相对的独立，并非真能彻底割断与德性之知的关联，而绝对地独立于传统的德性之知之外。正因如此，我们仍须发展儒家之学以摄入科学知识，亦需使科学知识再综合于传统精神之中，以融合成一更新的中国文化与中国哲学之发展。

关于朱子与阳明之致知格物说，以及德性之知与闻见之知的融摄问题，熊十力先生曾提出他的主张：致知之解释宗阳明，格物之解释主朱子。熊先生训“格”为量度，以为量度而悉得其理即是格物。如“于事亲而量度冬温夏凊，晨昏定省之宜，此格物也。入科学实验室，而量度物象所起之变化，是否合乎吾人之设臆，此格物也”。而一切格物之事皆当以致良知为本，故凡格物之事以及所得之知识皆是“良知之发用”。然致良知又必须辅之以格物，否则只务识得良知本体，仍将不免“耽空滞寂而归于绝物，亡缘亡照而归于反知”。若能兼致知与格物之功，知格物即是良知之发用，“则其格物也，即良知之应物现形，随缘作主……是则良知自然之妙用乃不可遏绝者。故曰致知在格物也”。“良知之明周通于万物，良知以其条理融澈物之条理而无所隔阂，故物得为知之所量度，是云物格。”[①]唐君毅先生在《中国哲学原论》书中指出，熊先生之说是将人之求科学知识之事，摄于格物一目之下，而再视格物为良知之发用。此乃兼取阳明之意以立本，而以朱子之言为辅，而摄取清儒所尚之闻见之知与今人所尚之科学知识以成其新说。唐先生又提到牟宗三先生《王阳明致良知教》第三章之所述，以为尤能扣紧德性之知（良知）与一般科学知识之知之不同，以论科学知识之知如何统摄于良知之系统。兹再约述牟先生书中《致知疑难》章之大旨于下。

① 见熊十力先生《读经示要》卷一，台北广文书局影印本一〇一至一〇七页。

第二节

良知之坎陷与统摄知识

阳明说“意之所在便是物”。如意在事亲、事君，或意在仁民爱物、视听言动，则“事亲”“事君”与“仁民爱物”“视听言动”便各是一物。[①]如此而说的“物”实际上即是我们日常生活所牵连的种种行为。“事亲”是一个生活行为，故事亲即是一物（一件事）。然则所事之“亲”是否亦是一物？事亲是行为，而“亲”不是行为，亲是父母，父母是关系词。但此关系词所指的对象终究不是“非有”（虚无），如不是非有，他便是一个“有”。既是一个有，亦就是一个物，一个对象。再如，“用桌子”是一件事，一个生活行为，而“桌子”究竟是一个物。若将物只限于生活行为，则凡桌子、椅子等岂便不是物耶？它若是一个物，则此物岂非与我心为对而在心外？如何能说“心外无物”？又将如何顺致良知之教而“正”此物？复次，桌子、椅子等物岂不亦有其理，对

① 见《传习录》上。

这种理将如何而穷之？这却不是穷吾心良知之天理所能尽。良知之天理流行润泽于生活行为而即成就生活行为，成就生活实事，但它是否亦流行于桌子、椅子之中而即能成就其为桌子、椅子？这便是一大难题。然则我将如何穷究这种理以成就这种种物？这却不是道德是非的问题，而是知识问题。关于桌子、椅子的一套与阳明致良知的一套是两回事，但亦不能不会通而归于一。阳明所谓“心与理一”“心外无理”“心外无物”，本是形上学的命题，他的格物义亦是形上学的；格物即是正物，即是成物。一切事物皆在良知之涵润成就中，摄物以归心，而为心所贯彻，此便是形上的直贯，亦正是儒家内圣之学的本义。但无论如何，在我眼前致良知之行为中，总有桌子、椅子这种物间隔着而度不过，因而亦总有遗漏而不能尽。我们将如何顺致良知而统摄这对于桌子、椅子之知识？

人有行为的宇宙，亦有知识的宇宙。全宇宙可以摄入我的行为宇宙中，所谓参天地、赞化育，天地亦不外于吾心之良知。一念蔽塞则天地闭贤人隐，一念灵明则天地变化草木蕃。这表示我的行为宇宙是盖天盖地的。同样地，全宇宙亦可摄入我的知识宇宙中，此则必有待于学问，以外知万物之何所是。良知能断制“用桌子”之行为，而不能断制“桌子”本身何所是之知识。但就行为宇宙而言，良知断制“用桌子”之行为，亦同样断制“造桌子”之行为。当我发念造一桌子，则我之良知必自知此一行为之是非善恶而断制之。若知其为善而不为，则必自愧于意之不诚，而生起一惭愧之念，此时便必须致良知以完成应当完成之行为，以求无自欺而无愧于心。但真要完成这个造桌子的行为，便必须知此桌子之结构本性，以及造此桌子之程序，否则虽有造桌子之诚意，而意无由达；虽有良知天理断制此事应当做，亦仍将无从着手。这不能归咎于良知天理之不足，而应该归咎于我没有造桌子之知识。可见要使造桌子之行为贯彻而实现，除良知以及“致”良知之外，还必须有造桌子之知识为条件。一切行为皆需有此知识条件。而此知识之一套，并非良知天理所可供给，必须知之于外物而有待于学。因此，每一个行为实际上都是行为宇宙与知识宇宙两者之融一（若转进一步说，此亦是“知行合一”原则之一例。唯阳明言“知行合一”，尚未说到这一层）。良知决定这个行为应当做，致良知是由意志律而实现这个行为，但在此“致”字上仍必须有知识的事物律乃真能实现这个行为。致良知之“致”字迫使我们吸收知识，我们即可在致字上摄入知识而融入致良知之教义中。

良知是道德心，而人之求知识则依于了别心（认识心）。知识自必有待于外，而亦必有待于吾心之领取。领取便是了别，而了别的作用仍然是吾心所发出。但只说知识摄入致良知，不过是将一现成之知识掺入其中，这并不足以尽此融摄之真实义。对此融摄之真实义必须有进一步说明：吾心良知决定一应当之行为，在实现此一行为时，固然必须一面“致”此良知，但就在这“致”字上，良知亦必须决定自己转而为了别。这种转化乃是“良知自我之坎陷”（此亦仍然是良知天理中的一环）。良知自己决定坎陷自己以从物，从物才能知物，知物才能宰物。等它可以宰物之时，它又从坎陷中涌现它自己，而再会物以归己，使物成为自己之所统与所摄。这就是入虎穴以得虎子的本领，亦即良知融摄知识之真实义。

兹以事亲为例加以说明：

依阳明，事亲即是一物，亦即一件事、一个行为。牟先生称此为“行为物”。在事亲这个行为物中，必有“亲”这个物为其中之一员。要事亲，必须先知亲，所以在“事亲”这个行为物中，必带着“亲”这个知识物（亲是被知的对象）。但“知亲”固然是一种知识，而要去知亲，则亦表示是一种行为，一种使我成就或获得关于“亲”之知识的行为。既是一种行为，自然亦为吾心良知之天理所决定。良知天理决定去“事亲”，同时亦决定去“知亲”。这就表示：在致吾心之良知以成就“事亲”这个行为物之中，必带有致吾心之良知以成就“知亲”这件事，以作为它的一个副套。“知亲”这个行为既在成就知识，则“知亲”中的“亲”便是知识中的对象，这个对象即可名曰“知识物”。因此，副套中致良知的行为，皆是成就或获得知识的行为。

抑有进者，不但由事亲这个行为物而带着的“亲”是个知识物，我们甚至可以说，即使“事亲”这个行为物，亦同时是个知识物。因为要事亲，就必须具备关于事亲之知识。良知决定“事亲”这个道德行为，同时亦决定“知事亲”这个知识行为。“事亲”既已成为被知之对象，因此它亦是一个知识物。既是一个知识物，则吾心之良知在决定事亲之时，亦需决定坎陷它自己以去了解“事亲”这个知识物。此即知什么是事亲，如何去事亲？要确实知道什么是事亲，如何去事亲，则良知便需转化为了别心。因此，每一致良知之行为中，不但有一副套之致良知行为而去了别知识物——即去了别“事亲”中的“亲”，而且每一致良知之行为本身即可转化为知识物，因而发出一致良知之行为而去了别这由良知行为转化而成的知识物——即什么是事亲，如何去事亲。于此乃显出致良知行为本身之双重性：既是“行为系统”，又是“知识系统”。

总之，致良知以事亲是一行为系统。良知坎陷自己而转为了别心，则形成知识系统。而此含具在致良知行为中之知识系统又有二套：一是在“事亲”之行为中所带着的“知亲”这一套，此即上文所谓副套；二是视“事亲行为之本身”亦为了别之对象，而形成的“知事亲”这一套，这是副套以外的一套。无论哪一套，皆是吾心良知之天理决定坎陷它自己转为了别心之后而形成，所以仍然统属于致良知。此即表示分解地说的“行为系统”与“知识系统”，皆统会于那整全的致良知之行为中而凝合为一。而且在每一致良知之行为中皆凝合为一。[①]

---

① 按：良知之统摄知识，不仅在“事亲”上是如此，在每一致良知之行为中亦莫不皆然。良知决定成就一应当之行为，则必不断致其良知以求此一行为之真实完成。为完成此一行为所必须具备之某种知识，良知亦自会不容已地坎陷它自己转而为了别心以求取之；知识既得，良知即重现作主而贯彻此一应当之行为以底于成。此即表示行为系统与知识系统在每一致良知之行为中皆凝合为一。

第三节

良知坎陷后之重现与圆成

良知自我之坎陷，乃是良知天理之不容自已，是良知天理在决定成就“事亲”这个道德行为之同时，又发而为决定去“知事亲”之知识行为中，所必然有的一步坎陷。经过坎陷而了别“什么是事亲，如何去事亲”，然后才能真正实现“事亲”这个行为。至于“我为什么应当事亲”“事亲为什么应当孝”，这却不是知识系统中的事，而是良知天理所自决自定的，是属于行为系统者。阳明所说的良知，即是指这个决定道德行为的天心天理，致良知亦即致这个天心天理，而对于良知自己决定坎陷它自己转为了别心所形成的知识系统则忽而不察。因为先哲讲学，主旨只在成德性，成人格，对于有生以来所知所学之种种知识学问与本领，则视为不言而喻，而常不加考论。譬如，阳明云：“知如何而为温凊之节，知如何而为奉养之宜者，所谓知也。”[①]依阳明，这个“知”自是良知。但

---

① 见《传习录》中《答顾东桥书》。此全段文已引见上第二章第三节。

严格地说，这种知实属知识系统。温清之节、奉养之宜，是“事亲”这个行为系统中所含摄的知识系统。什么是温清之节，什么是奉养之宜，必须有以知之；知之，即是知识系统。知道“温清之节与奉养之宜”，才能真正满足知“如何去事亲”这个知识条件。而良知天理则只是一个应当不应当之先天的决定。所以说，只有“为什么应当事亲，为什么事亲应当孝”这种应然之判断，才是良知天心所自决自定的。若落在温清之节与奉养之宜上说，则当吾亲寒热饥渴之时，为什么应当尽其温清之节与奉养之宜，亦是良知之决定。至于吾亲之寒热饥渴与我之甘旨奉养是否相顺或者相违——譬如，此时与彼时食物之多寡浓淡当如何，衣物之厚薄轻暖当如何，以及疗疾服药等，则是一套事物历程，而属于知识系统。这一套知识自非良知天心所能直接供给，而仍须良知坎陷而转为了别心，然后乃能知之。在这最简单亲切的生活实事上，良知与知识常易混而不辨。其实，原则上是可以辨别的。当然，究极而圆融地言之，天心与了别心实为一心，只因要成就这件事，故良知天心必须坎陷自己而表现为了别心。此步坎陷若亦是良知天理之不容已，则了别心亦即是天心，是天心转而为了别之用。每一致良知之行为皆可作如是观。

“行事亲”与“知事亲”是同时并起的。“行事亲”含有行为系统（事亲）与知识系统（知事亲）之双重性。而“知事亲”是知识行为，知识行为则不必再言其双重性，意即不必再言知“知事亲”。因为对“知事亲”而说一个“知”，实际上只是一步反省自觉，并不能成就一个知识系统。但在“知事亲”这个知识行为中，我既知道什么是事亲，如何去事亲，同时我亦可反而再问什么是

知，如何成知。当我做这步反省考量时便成就知识论。这步成就知识论的反省，只有在知识行为中表现。在知“亲”，知“事亲”，乃至知“桌子”，知“造桌子”之知识行为中，吾人一方面获得关于对象之知识，而成就知识系统；另一方面即对此“知识行为”加以反省，而明白什么是知，如何成知，这就是知识论。在这步反省中，知识方法、逻辑、数学、纯几何，乃至一切知识条件，皆可有一一之安顿。

道德行为固然是良知天心所自决，知识行为亦同样是良知天心所自决。既决定有这个行为，便需贯彻良知之决定而成就这个行为。我们由于对一切行为之反省，而知晓道德行为与知识行为皆源于良知天心之决定，皆统属于良知之天理，则这一步反省便成就道德形上学。在这道德形上学中，点出天心天理之实体以为宇宙人生之大本，这就是孔孟与宋明儒所一线相传，而直到阳明之致良知教，亦不过是这一线之结集。现在再提出知识行为而容纳知识系统于这个骨干之中，因而亦就是容纳一个知识论于道德形上学中，这亦仍然是一线之结集。必须如此，内圣之学才可以无漏而无憾。

以上是牟先生所开发的义理大旨。

再综括地说，良知决定坎陷自己而转为了别心，就此了别心而言，心与物为对，心与理亦为二。在与物为对中成就知识的物理，以开出知识宇宙。而这求知识的活动与所开出的知识宇宙，本是良知坎陷自己转为了别心而形成，所以此一知识宇宙实由良知行为所成就，而亦为良知所统摄。因而当吾人将知识宇宙“会归于行为宇宙，而视为其中之一员”时，则知识宇宙自不能离良知之行为宇宙而绝对独立。这一个历程即是良知坎陷自己以从物，由从物而知物，由知物而宰物的历程。在良知通过这个历程而真能宰物（正物、成物）之时，良知即从坎陷中再度涌现它自己，而恢复它“不与物对”“与理为一”的天心天理之本性，这就是良知之“重现”。

这良知重现之历程，亦即致良知之整全的行为历程。分解地言之，可有五步：

（一）良知天心决定成就一应当之行为，是第一步。

（二）在致良知之“致”中，良知决定坎陷它自己以转化为了别心，是第二步。

（三）了别心在与物为对中而发动知识行为以成就知识系统，是第三步。——对此知识行为加以反省，即成就知识论。

（四）融摄知识宇宙而会归于行为宇宙，使知识统属于良知，是第四步。——反省一切行为而知其皆统属于良知之天理，即成就道德形上学。

（五）良知恢复其不与物为对之天心天理之本性，而即致吾心良知之天理于事事物物，使事事物物各得其正，各得其成，这就是第五步。——这最后一步即形上之直贯，表示致良知教之圆满完成。

若以牟先生之言与熊先生相较，则既有类同，亦有推进。唐先生有一段话[①]言之甚肯当：

① 见唐君毅先生《中国哲学原论》上册三三九至三四〇页。

牟先生之言，由良知自己决定转化出了别心，以与物为对而成就知识之说，有类于熊先生之于良知之发用中包含一量度之格物之事之说。然又多了一层转折，即此中尚有良知之自己所决定之转化为了别心之一事在。由是而此了别心及其所成之知识宇宙，乃真有其相对之独立性者。唯此了别心与知识宇宙之成立根据，仍在良知之如是，如是自己决定之行为，于是知识宇宙仍统属于良知之行为宇宙中。此其为说，虽仍本阳明之教立本，然亦更能对一般闻见之知，或清末人所谓格致之知，及今人所谓纯粹知识或科学之知，与以一相对独立之范围。而其言吾人之良知，必须自己决定成立此知识宇宙，乃有此知识宇宙之成立；亦无异于谓中国重德性之知之文化学术，必须自己决定转化出重知识之一义，乃能摄纳西方之科学，开创中国未来之科学，以为通中西文化学术之邮。吾人承认科学是知识，然吾人之决定要科学之一决定则非知识，而只是吾人之良知之决定。此决定乃断然在科学知识之上一层次者。科学本身依于其上一层次之良知之决定要他有而有，则科学之知自亦不能摄尽一切之知，而必以良知为之主。而中国传统思想中之重德性之知及良知之教，在原则上绝不可动摇，亦由此可知矣。

第五章 良知与中和寂感

宋明儒讨论中和问题所依据的基本文献是《中庸》首章。兹录原文于此，以备参照：

天命之谓性，率性之谓道，修道之谓教。道也者不可须臾离也，可离非道也。是故君子戒慎乎其所不睹，恐惧乎其所不闻。莫见乎隐，莫显乎微，故君子慎其独也。喜怒哀乐之未发谓之中，发而皆中节谓之和。中也者天下之大本也，和也者天下之达道也。致中和，天地位焉，万物育焉。

第一节

求未发之中与观未发气象

问："伊川谓不当于喜怒哀乐未发之前求中，延平却教学者看未发之前气象，何如？"先生曰："皆是也。伊川恐人于未发前讨个中，把中作一物看，如吾向所谓认气定时作中，故令只于涵养省察上用功。延平恐人未便有下手处，故令人时时刻刻求未发前气象，使人正目而视惟此，倾耳而听惟此，即是戒慎不睹、恐惧不闻的功夫。皆是古人不得已诱人之言也。"（《传习录》上）

《中庸》虽说"喜怒哀乐之未发谓之中"，但吾人却不能于"未发之前"求个中。凡说前后便有时间相，亦含空间相。而"中"并不是一个物，不能说它在什么时候，或在什么地方。事实上岂有孤单单摆一个东西在未发之前叫作"中"的？伊川正怕人就未发之前讨个"中"，把"中"看作一个时空中的物，所以说"不当于喜怒哀乐未发之前求中"。——按：伊川论中和，主要见于他与横渠门人吕与叔、苏季明二人之讨论。[①]伊川对于“中即是性”与“求中”之说皆表示反对。吕与叔说“中即是性”，又会通孟子心性不二之义而说中即本心。与叔之意并无差谬，而伊川之论辩却反而显得纠结而窒碍。但究实而言，亦不是伊川窒碍不通，而是由于他的思理与《中庸》《孟子》睽违不合（他自己却不甚自觉），因此论辩之时显得窒碍而不顺畅。伊川之言心并不是《孟子》的本心义，而是以实然的观点看心，所以心性分而为二；性即是理，而心不能即是理。他所意谓的“中”，实际上是指吾人之心处于一种“不发未形”，因而亦无所谓偏倚的境况。在这个意义上所说的“中”，并不是超越喜怒哀乐之情变，异质地跳越一步，而指目那个超越的性体或本心。因此伊川所谓“只不发便是中”的那个心境并不是“性即理”的性，因而亦不是《中庸》之“性体”与《孟子》之“本心”。以是他不能许可吕与叔“中即是性”以及“中即本心”之说。在答苏季明之问时，伊川又提出“在中”与“求中”之分。他以为喜怒哀乐未发是言“在中”之义。在中之“中”是形容字，是形容一种境况。以是“中”不能离此实然的心之喜怒哀乐，而空置为别一物。换言之，不能离此实然的心之喜怒哀乐而别有一个悬空的物而名之为“中”，否则此名之为“中”的物便是虚空的物，而不是一具体的“不发未形”之实然的心境。既是虚空的物，又如何能“求”？此即伊川所以反对“于喜怒哀乐未发之前以求所谓中”的关键所在。伊川之意大体如此，兹不拟多论，其详

---

① 见《二程遗书》卷十八。

请参看牟先生《心体与性体》第二册第二章第六节。至于阳明言中和之意，与伊川并不相同。只因原则上既肯许不可“把中作一物看”，因而亦遂赞同伊川“不当于喜怒哀乐未发之前求中”之说而已。

虽不可于未发之前讨个中，而《中庸》却说“未发之谓中”，然则未发之时是个什么状态？看来未发之时，说有非有，说无非无，自应有个气象可观，于此李延平乃教人“观未发之前气象”，①这比“在未发之前求中”要活转得多了。说“求中”似不免是知解而推求之，“观气象”则有内敛默识的意味。这是当下在喜怒哀乐之外，直指本心以见体取证。其中必有一个“人所不知而己所独知”之真是非，这是瞒不过的。这里真是“莫见乎隐，莫显乎微”，真是“十目所视，十手所指”，天地鬼神都在鉴临。此时你不可自欺，你要“勿愧屋漏”。说到此，“戒慎乎其所不睹，恐惧乎其所不闻”才有意义。所以阳明说“使人正目而视惟此，倾耳而听惟此，即是戒慎不睹、恐惧不闻的工夫”。所谓“戒慎、恐惧”，亦

---

① 按：李延平为朱子之师。延平师罗豫章，豫章师杨龟山。《宋元学案》卷三十九《豫章学案》附录载李延平曰：“罗先生令静中看喜怒哀乐未发之谓中，未发时作何气象？”同卷《延平学案》附录又载朱子曰：“李先生教人，大抵于静中体认大本未发时气象分明，即处事应物自然中节。此乃龟山门下相传之指诀。”可知观未发气象乃二程门人杨龟山传下之工夫指诀，并非始自延平。此一工夫指诀属于“超越的体证”，而与延平同时之胡五峰则是“内在的体证”。两者皆不同于伊川，而朱子则承伊川而顺成其义，故既评议五峰，亦不满其师延平之说。关于此，本书不论及，请参看牟先生《心体与性体》第三册朱子部前三章。

只是一念不昧天良而已。人能一念不昧天良，便能“沛然莫之能御”，自然发而中节。若说人总是一个有限的生命，总有气质之偏与形气之私，再加上外物之诱，岂真能时时发而中节？这个问话却是舍本逐末之谈。人若将心事专注于中节不中节，只在这“中节”“不中节”上来回照顾，便是随事逐物，工夫哪有了期？因此，不管你发得中节不中节，我只不从你发处说话，而单从你念头上“人所不知而己所独知”处指点一个标准给你，使你自己取证。只要你不瞒它，它自然会为你证明一个真是非。这个标准便是天心天理（良知天理），亦即是你的体、你的性。这是你一念起处当下具备了的。这个能证明你之“是”与“非”的先天之标准，即是大本之中；顺中而发，便是达道之和。以上是顺阳明学之义理并参照牟先生《王阳明致良知教》第四章之义稍作解说。

至于延平所谓“观未发之前气象”，我们可以根据朱子所作《延平行状》略作说明。《延平行状》谓延平“讲论之余危坐终日，以验夫喜怒哀乐未发之前气象为何如而求所谓中者。若是者盖久之，而知天下之大本有在乎是者也”。又引延平之言云：“学问之道不在多言，但默坐澄心，体认天理。若见虽一毫私欲之发，亦退听矣。”①延平所谓“默坐澄心，体认天理”，是根据他“危坐终日，以验夫喜怒哀乐未发之前气象为何如而求所谓中者”而来。这是延平基本的工夫入路。这步工夫是一种超越的逆觉体证。所谓超越，即是隔离一下。在默坐危坐之隔离的、超越的体证中，

① 见《朱文公文集》卷九十七。

“中”体（亦即性体，又可名独体）即从私欲、气质、喜怒哀乐情变之混杂中澄然凸现，成其为纯粹自己之自存自在，这便是“莫见乎隐，莫显乎微”的澄然、森然之气象①。在此体证中，天理与私欲显现一截然之对照，所以说“若见虽一毫私欲之发，亦退听矣”。据此可知，延平在讲论之余“危坐终日”“默坐澄心”，绝不是泛泛的静坐，绝不是朱子所谓“只是且收敛在此，胜似奔驰”②，而根本是一种本体论的体证，借此以见体，以清澈自己之生命，由此而以中导和，发而中节，然后乃有真正的道德行为之引生，以成就道德创造。延平此义朱子有隔膜，而阳明却能相知，所以对“伊川”与“延平”之说两成许可，这正是阳明之通达处。

①《朱文公文集》卷四十三《答林择之三十三书》之第二十书中引延平语，有云“先言慎独，然后及中和”。可见延平亦注意到《中庸》之言“致中和”是直承上文“慎独”而来，故其超越的体证所体证之中体（独体），即是那自存自在、莫见莫显的澄然森然之气象。

② 见《朱子语类》卷一百三。

第二节

致中和与慎独

澄[①]问："喜怒哀乐之中和，其全体常人固不能有，如一件小事当喜怒者，平时无有喜怒之心，至其临时亦能中节，亦可谓之中和乎？"先生曰："在一时之事，固亦可谓之中和，然未可谓之大本达道。人性皆善，中和是人人原有的，岂可谓之无？但常人之心既有所昏蔽，则其本体虽时时发见，终是暂明暂灭，非其全体大用矣。无所不中然后谓之大本，无所不和然后谓之达道，惟天下之至诚然后能立天下之大本。"

曰："澄于中字之义尚未明。"曰："此须自心体认出来，非言语所能喻，中只是天理。"曰："何者为天理？"曰："去得人欲，便识天理。"曰："天理何以谓之中？"曰："无所偏倚。"曰："无所偏倚是何等气象？"曰："如明镜然，全体莹澈，略无纤尘染着。"

① 陆澄，字原静，又字清伯。见《明儒学案》卷十四，属浙中王门。

曰："偏倚是有所染着，如着在好色好名好利等项上，方见得偏倚。若未发时，美色名利皆未相着，何以便知其有所偏倚？"曰："虽未相着，然平日好色好名好利之心原未尝无。既未尝无，即谓之有；既谓之有，则亦不可谓无偏倚。譬如病疟之人虽有时不发，而病根原不曾除，则亦不得谓之无病之人矣。须是平日好色好名好利等项一应私心扫除荡涤，无复纤毫留滞，而此心全体廓然，纯是天理，方可谓之喜怒哀乐未发之中，方是天下之大本。"（《传习录》上）

这一段问答，可分三点说明：

（一）人性皆善，所以在某一时某一事上，其喜怒之发亦常能中节，这自然亦可说是"中和"。但常人之心不能无昏蔽，当心体之善发见时是"明"，昏蔽时便是"灭"。既然有时明，有时灭，便是有所不中，有所不和，如此岂得谓之大本达道？大本是天下事理之所共出，达道是天下古今之所共由。所以必须无所不中方为"大本"，无所不和方为"达道"。

（二）阳明以为"中只是天理""去得人欲，便识天理"。天理无所偏倚，故谓之中。除了天理，无有可以谓之"中"的。

（三）问者以为未发时根本"未着"，既然未着，自然没有偏倚之可言，如此便可说是"中"了。其实喜怒之情虽未发未着，但仍然可以有所偏倚，所以不能因其未发未着便以之为"中"。它之所以有偏倚，是因为有病根在，如平日好色好名好利之心未尝无，这便是病根。既有此病根，虽未发未着，亦不可说无所偏倚。这个病根是以天心天理对照而显出，若不提出这个“人所不知而己所独知”的天心天理以对照取证，则有病时固然是业识流转，即使无此病根，亦是茫茫荡荡，终成个痴骇汉。此等处必须彻底勘破，才能如明镜一般莹澈朗照，所以说“须是平日好色好名好利等项一应私心扫除荡涤，无复纤毫留滞，而此心全体廓然，纯是天理，方可谓之喜怒哀乐未发之中，方是天下之大本”。

> 问：“宁静存心时可谓未发之中否？”先生曰：“今人存心只定得气，当其宁静时亦只是气宁静，不可以为未发之中。”曰：“未便是中，莫亦是求中工夫？”曰：“只要去人欲存天理，方是工夫。静时念念去人欲存天理，动时念念去人欲存天理，不管宁静不宁静。若靠那宁静，不惟渐有喜静厌动之弊，中间许多病痛只是潜伏在，终不能绝去，遇事依旧滋长。以循理为主，何尝不宁静？以宁静为主，未必能循理。”（《传习录》上）

阳明这段话说得恳切而醒豁，其大意可约为三：

（一）着意求宁静，只是“定得气”，若以定气为宁静，则一方面是把持——不平顺自然，一方面又将窒息——气可以养，而不可以凝定，若凝定便将窒息。凡工夫病痛都是发在气上，若以定住气为“求中”工夫，则表示对未发之“中”尚甚茫然。

（二）中只是天理，宁静定气不是中，求中工夫亦不自宁静着手，唯“去人欲、存天理”方是工夫。

（三）无论静时动时，只是念念去人欲、存天理；此中关键只在循理，而不在宁静定气。所以说“以循理为主，何尝不宁静？以宁静为主，未必能循理”。由此可知，“中”不是在气机之“敛”或“发”上说，而是在一念独知之天心天理处说。

澄问象山在人情事变上做工夫之说。先生曰：“除了人情事变则无事矣，喜怒哀乐非人情乎？自视听言动以至富贵贫贱、患难生死，皆事变也。事变亦只在人情里，其要只是致中和，致中和只是谨独。”（《传习录》上）

所谓“在人情事变上做工夫”，仍然是“去人欲、存天理”。去得人欲净尽而无纤毫留滞，自然心体廓然，纯是天理。这亦就是“致中和”“谨独”的工夫。谨独即慎独。独即是“人所不知而己所独知”的良知，亦即是天心天理。吾心良知之天理即是“中”，致良知之天理即是“和”。①

正之②问：“戒惧是己所不知时工夫，慎独是己所独知时工夫，此说如何？”先生曰：“只是一个工夫，无事时是独知，有事时亦是独知。人若不知于此独知时用力，只在人所共

① 按：阳明《答陆原静书》云：“良知即是未发之中。”《传习录》中又云：“未发之中即良知也。”王龙溪更顺阳明之意而阐述之，曰：“良知即是未发之中，即是发而中节之和。”见下第三节引述。

② 黄宏纲，字正之，号洛村。见《明儒学案》卷十九，属江右王门。

知时用功，便是作伪，便是‘见君子而后厌然’。此独知时便是诚的萌芽，此处不论善念恶念，更无虚假，一是百是，一错百错，正是王霸义利诚伪善恶界头。于此一立立定，便是端本澄源，便是立诚。古人许多诚身的工夫，精神命脉，全体只在此处。真是莫见莫显，无时无处，无始无终，只是这个工夫。今若又分戒惧为己所不知，则工夫便支离，亦有间断。既戒惧即是知，己若不知，是谁戒惧？如此见解，便要流入断灭禅定。”

曰：“不论善念恶念，更无虚假，则独知之地更无无念时耶？”曰：“戒惧亦是念，戒惧之念无时可息。若戒惧之念稍有不存，不是昏聩，便已流入恶念。自朝至暮，自少至老，若要无念，即是己不知，此除是昏聩，除是槁木死灰。”（《传习录》上）

“戒惧”即是“慎独”，问者分而为二自不妥当，而第一句以戒惧为“己所不知时工夫”尤为不谛。既说“戒惧”便是“知”，自己若是不知，那是谁在戒惧？又戒惧个什么？如此不但工夫支离间断，而且亦是昏聩茫然。戒惧、慎独只是一个工夫，都必须在“独知”之时常惺惺（念念警觉）。“独知”无分于有事无事，亦无间于动静。一念独知时即是诚的萌芽，而常惺惺便是“端本澄源”，便是“立诚”。

“诚”即是良知之天理，亦即是天理之“中”。阳明教人“静时念念去人欲存天理，动时念念去人欲存天理”，存天理是“存养”，去人欲便是“察识”。《传习录》上云：“省察是有事时存养，存养是无事时省察。”（省察与察识意同）人有动时，有静时，有有事时，有无事时，但良知天理无分于动静，亦无分于有事无事。因此，工夫亦无分于动静，无分于有事无事。不能说动时有事时只察识而不存养，静时无事时只存养而不察识。须知察识亦只是默识心通，故察识而从容便是动时有事时的存养；存养亦只是警觉不昏聩，故存养而昭明便是静时无事时的察识。存养察识合一即是戒慎（戒惧慎独）工夫。这是自少至老、自朝至暮而不容间断的，所以说“戒惧之念无时可息”。《大学》以“毋自欺”解释“诚”，诚即是中，即是天理。因此，存养亦只是存个毋自欺，察识亦即是识个欺的病。戒慎不欺而存诚，即是良知之天理，亦即是中；内不自欺，顺中而发，自然无不中节，此便是和。阳明将慎独、致中和统摄于致良知教来讲，比朱子“静养动察”“敬贯动静”的讲法[①]，自更直截、更圆融。

① 朱子言“静养动察”，故主“先涵养后察识”。涵养是涵养后起之敬心（凝聚肃整），察识是察识已发之情变。然朱子又言“敬贯动静”，既敬以贯之，则因动静而分之涵养与察识终需合一。唯朱子毕竟是从后天工夫入，与阳明致良知教之从良知开先天工夫者不同，此需别论，兹不能详。

第三节

良知之体用与中和寂感

性无不善，故知无不良。良知即是未发之中，即是廓然大公、寂然不动之体，人之所同具者也，但不能不昏蔽于物欲，故须学以去其昏蔽，然于良知之本体，初不能有加损于分毫也。知无不良而中、寂、大公之体未能全者，是昏蔽之未尽去而存之未纯耳。体即良知之体，用即良知之用，宁复有超然于体用之外者乎？（《传习录》中《答陆原静第二书》首段）

这段话表示四点意思：

（一）良知即是未发之中，即是廓然大公、寂然不动之本体。

（二）良知本体人人同具，但因物欲之昏蔽，故良知本体（亦即中、寂、公）不能全体呈现，而须从事于学以去昏蔽。

（三）虽有昏蔽，然于良知本体并无所加损，昏蔽既去，存养既纯，本体自然呈露。

（四）所谓体用即是良知之体用，良知并不超然于体用之外，离开良知亦无所谓体用。

在同书之次段，阳明又云：

> 理无动者也。常知常存，常主于理，即不睹不闻、无思无为之谓也。不睹不闻、无思无为，非槁木死灰之谓也。睹闻思为一于理，而未尝有所睹闻思为，即是动而未尝动也。所谓"动亦定，静亦定"，体用一原者也。

理即吾心良知之天理，"常知"是知此理，"常存"是存此理。主是主一，"常主于理"即一心在天理上之谓。"睹、闻、思、为"一于理，而实未尝有所睹、闻，有所思、为，必须落在事上才有所睹、闻，有所思、为。反之，"不睹不闻、无思无为"亦并非槁木死灰之谓，而是《周子通书》所谓"动而无动，静而无静"之意。但动而无动，静而无静，却不是真不动不静，只是没有动静之相，必须落在事上才有动相或静相，理之本身是无相可见的。良知之天理（良知心体）永恒贞定，故"动亦定，静亦定。"[①]依阳明，"心不可以动静为体用。动、静，时也。即体而言用在体，即用而言体在用，是谓体用一源。若说静可以见其体，动可以见其用，却不妨。"[②]总之，体既非静，用亦非动，即动即静，即体即用，是之谓"体用一原"。

---

① 程明道语，见《定性书》。

② 见《传习录》上。

阳明于同书第三段又云：

> 未发之中即良知也，无前后内外而浑然一体者也。有事无事可以言动静，而良知无分于有事无事也。寂然感通可以言动静，而良知无分于寂然感通也。动静者所遇之时，心之本体固无分于动静也。理无动者也，动则为欲。循理则虽酬酢万变而未尝动也，从欲则虽槁心一念而未尝静也。动中有静，静中有动，又何疑乎？有事而感通固可以言动，然而寂然者未尝有增也；无事而寂然固可以言静，然而感通者未尝有减也。动而无动，静而无静，又何疑乎？无前后内外而浑然一体，则至诚有息之说不待解矣。未发在已发之中，而已发之中未尝别有未发者在；已发在未发之中，而未发之中未尝别有已发者存。是未尝无动静，而不可以动静分者也。

这一段是就体用合一而言，亦即就良知自性上说。“未发”之“中”即是良知之天理，“已发”之“和”即是良知天理感通之用。一般而言，有事为动，无事为静；寂然为静，感通为动。但良知之天理无分于有事无事，亦无分于寂然感通，因而亦无分于动静（动静因“时”而显，良知心体超越时间而自存，故无分于动静）。在良知之天理上不能说“动”，动者是人之欲。欲从气来，不是从理来。所以“循理”而行，虽酬酢万变，亦未尝动；动者是事，而理未尝动，于此可说“动中有静”。反之，若是“从欲”，则虽槁心一念，亦未尝静；静者是相，而欲未尝息，于此可说“静中有动”。有事而感通，于寂然之体并无所增；无事而寂然，于感通之用（良知心体感而遂通之用）并无所减。所以说“动而无动，静而无静”。总之，良知即体即用、即动即静、即寂即感，无前后内外而浑然一体，它自是至诚无息者，故不可说“至诚”而“有息”。而且“未发”即在“已发”之中，但却不可说“已发”之中又有一个“未发”；“已发”即在“未发”之中，但亦不可说“未发”之中又有一个“已发”。分而言之，说为“未发之中”与“已发之和”；圆融地言之，则“未发之中”即是“已发之和”。

以是阳明弟子王龙溪云：

> 良知即是未发之中，即是发而中节之和。此是千圣斩关第一义，所谓“无前后内外而浑然一体”者也。若于良知之前别求未发，则是二乘沉空之学；良知之外别求已发，则是世儒依识之学。或摄感以归寂，或缘寂以起感，受症虽若不同，其为未得良知之宗则一而已。[①]

龙溪所说正是本于阳明之意，所以黄梨洲《明儒学案》叙述阳明成学以后之三变时，对龙溪之言亦颇有采取[②]。龙溪所谓“若于

---

① 见《王龙溪语录》卷六《致知议略》。王畿，字汝中，号龙溪。见《明儒学案》卷十二，属浙中王门。

② 见《明儒学案》卷十《姚江学案》。本书第一章第三节已有引述，请参看。

良知之前别求未发”云云，是对江右王门聂双江、罗念庵而发[①]。良知即是未发之中，不能还有一个在良知之前的中，若再于良知本体之前另求个未发之中，便是沉空渺茫之见。良知之感应即是已发之和，其感应即使不离喜怒哀乐，而喜怒哀乐亦必上提而即内在于良知之感应，故不能于良知之外求已发之和，若再于良知感应之外别求一个发而中节之和，便是依情识说和，而不是依良知之明觉感应说和。龙溪所说并无过差，而且是体道有得之言，而聂双江独唱异议，与龙溪往返致辩[②]，罗念庵思路同于双江，遂亦起而相附和。

双江与念庵的主要论点，是以“已发”“未发”之方式想良知，把良知亦分成已发与未发。他们以为表现知善知恶的良知（独知）是已发的良知，尚不足恃，必须通过致虚守寂的工夫，归到那未发的寂体，方是真良知。若于此未发之体见得谛，养得真而纯，则自然发而皆中节。据此，是想以未发寂体之良知主宰已发之良知，而所谓致知即是“致虚守寂”以致那寂体之良知以为主

---

① 聂豹，字文蔚，号双江，于阳明卒后，设位祭拜称弟子。罗洪先，字达夫，号念庵，阳明卒后之三十五年，应钱绪山之约考订《阳明年谱》，犹称后学，经钱绪山之劝改称门人。故二人皆阳明私淑弟子，而同属江右王门。江右王门人物最多，但无统一之特殊风格。邹东廓、欧阳南野、刘两峰、刘师泉、陈九川等皆阳明及门弟子，大体守师说而无逾越，而邹东廓尤为纯正，恰似浙中王门之钱绪山。江右王门中能显一特别论调者是双江与念庵，故凡论及江右皆注目于此二人。然二人于阳明之思路实多扞格，其唱异议，即江右王门亦不赞同也。

② 双江与龙溪之辩论凡九难九答，乃王门中一重要之辩论，后辑为《致知议辩》，编入《王龙溪语录》卷六。

宰。这个想法几乎完全不合阳明之思路。《中庸》言未发已发本是就喜怒哀乐之情上讲，并不是说良知心体亦有未发已发之分。阳明随门人之问，虽亦相应寂感而将未发已发收于良知上说（略见上引《答陆原静第二书》，其详请参看《传习录》中该书全文），但阳明已明白指出良知无前后内外而浑然一体，无分于有事无事，无分于动静，亦无分于寂感。良知之寂感是即寂即感的，不能把良知分为寂然不动之良知与感应感通之良知。以是，若在良知本身说发与未发，亦是即发即未发、即中即和，而无分于发与未发，无分于中与和。中是就良知自体说，和是就良知感应说。龙溪所谓“良知即是未发之中，即是发而中节之和”，正是申述阳明之义。阳明《咏良知》诗云：“无声无臭独知时，此是乾坤万有基。”又云：“良知却是独知时，此知之外更无知。”又四句教第三句云：“知善知恶是良知。”可见阳明所说的“良知”，即是那人所不知而已所“独知”的“知善知恶”的良知。但双江则以为“独知是良知的萌芽处，与良知似隔一尘。此处着功，虽与半路修行不同，要亦是半路的路头也。致虚守寂方是不睹不闻之学，复命归根之要”。[①]双江何以如此说？兹依据牟先生《王学的分化与发展》[②]文中之论断，分三点说明如下：

（一）依双江，独知已是已发，尚不是未发之寂体；同样，知

① 见《致知议辩》第三辩。

② 刊于《新亚书院学术年刊》第十四期。牟先生又撰《致知议辩疏解》一文，刊于《新亚书院学术年刊》第十五期。二文各长四万余言，并请参看。

善知恶之知亦是已发之知，尚不是未发之寂体。此显然与阳明之义不合。

（二）依阳明，独知是良知，知善知恶是良知，良知随时有表现，即就其表现当下肯认而致之，故眼前呈现之良知在本质上与良知自体无二无别，因此而有龙溪“以见在为具足”之说。而双江则以“见在”者为已发，必须致虚守寂方算真良知，如此则良知分成已发与未发两截，亦与阳明之义不合。

（三）依阳明，“致”字是扩充义，致知是前进地把良知推致于事事物物上，以使事事物物皆得其理、皆得其正。而双江则以为归寂方算致良知，如此则“致”字是向后返，而不是向前推扩，此亦与阳明致良知教之义不合。

双江所谓“致虚守寂”以归到那未发的寂体，毕竟这个寂体要不要感应发用？若是不发用，则它便是个死体，双江之意自非如此。若要发用，是它自己发用乎？还是另有个工夫使它发用？双江之意自亦不会是后者。既是它自能感应发用，又发而自能中节，则龙溪本于阳明之意而说“良知即是未发之中，即是发而中节之和”，又何能加以反对而必欲于良知之前求个未发？良知岂能分为已发与未发两截，而再在其中来定个主从？世间岂有被主而为从的良知乎？“人所不知而己所独知”的“知善知恶”的良知若犹不可信，则你所信的那个未发的寂体，又将在什么契机上发而为善的意？又谁去鉴照这已发的是善意或是恶意？岂非知善知恶的良知乎！若说这知善知恶的良知（独知）仍算不得真良知，则你那未发的良知寂体更将如何与“意”发生交涉？你若答道：物来顺应而已。但“应”岂不亦是已发？且又谁去知它“应”得是与不是、当与不当？岂不还是那知善知恶的良知（独知）？你怎能说这知善知恶的良知（独知）为已发而算不得做主的真良知？不信这知善知恶的独知的良知，则你那未发的寂体毕竟无从与“意”生交涉。与意尚且无交涉，又将如何与意之所在的“物”发生交涉而致知以正物？难道天下竟有与“意”“物”永远不生交涉的未发之良知寂体乎？如此一加追究，则那由后返归寂而得的未发之知体，亦难说是个什么物了。这样讲王学，如何能说已得阳明之真传？致虚守寂工夫并非不可讲，但必须遵守致良知教之轨辙，必须不背阳明之义理。若说学贵自得，何必尽守阳明轨辙？如此则脱离王门可耳，又何必依附王门？既自居于王学，又岂能背离阳明之义理[①]？

当双江唱异议时，王门亲炙弟子（包括江右）皆不赞同，“惟罗念庵深相契合，谓双江所言真是霹雳手段，许多英雄瞒昧被他一口道着，如康庄大道，更无可疑”[②]。牟先生认为念庵这几句赞语故作惊人之笔，实夸奢过分。按：所谓“致虚守寂”亦不过是李延平观未发气象以求所谓中的老路，怎能说是霹雳手段？阳明《咏良知》诗有云：“人人自有定盘针。”然则又有什么英雄曾予瞒昧、能予瞒昧？且念庵尝云：“往年见谈学者皆曰知善知恶是良知，依

① 按：若云弟子后学亦可修正师门义理，此固然。然此不能凭空一句话，必须确有所见、确有所得而真能推进一步方算数。而双江、念庵之说，平心来看，实只是阳明初期讲学“默坐澄心”之一段工夫，然彼等又不自知，乃将良知拆成已发未发两截，故形成议论上之扰攘。关于此，本节末段有解说。

② 见《明儒学案》卷十七黄梨洲论聂双江语。

此行之即是致知。予尝从此用力，毫无所入，久而后悔之。”[①]这正表示他由于不熟悉阳明之义理思路，因此用力久而竟无所入，终于回头别求一条体认良知的路，而与双江同调。他们自己钻研，当然有其个人之体会处、自得处。但以自己之想法，依附于阳明一二话头而夹杂以致辩，便显得多所扞格；申述自己之思路，而又以王学自居，亦显得别扭而不顺适。可知及门不及门实在大有分别。

大体说来，自从阳明悟得良知并提出致良知宗旨以后，门人用功大都落在如何保任而守住这良知，而即以此“保任守住”为致的工夫。如邹东廓之“得力于敬”，以戒惧为主，钱绪山之唯求“无动于动”，季彭山之主“警惕”而不主自然[②]，皆是为的使良知能保任守住而常呈现。这些本是常行工夫，所以各人的主张并不影响阳明之义理。假若双江、念庵亦是在这种意义上说“致虚守寂”，便与阳明初期讲学之“默坐澄心”“以收敛为主”的宗旨相似，如此亦可不影响阳明之义理。经过枯槁寂寞之后一切退听，而后天理炯然；这等于是闭关，亦等于主静立人极或静坐以观未发气象。但经过体认寂体或良知这一关之后并不能一了百当，因为这只是抽象地单显知体（良知本体）之自己，并不表示即能顺适地贯下来。因此，李延平经过观未发气象之后，必言“冰解冻释”始能天理流

① 见《明儒学案》卷十八《念庵学案：甲寅夏游记》。

② 邹守益，字谦之，号东廓，见《明儒学案》卷十六，属江右王门。钱德洪，字洪甫，号绪山，见《明儒学案》卷十一，属浙中王门。季本，字明德，号彭山，少师王思舆，后师阳明，见《明儒学案》卷十三，属浙中王门。

行。[1]在良知教中亦是如此。一切退听而归寂了，等到出来应事，仍不免有意念之私与气质之杂，良知天理还是不能顺适贯下来（故闭关出来而依然七颠八倒者亦所在多有）。阳明讲致良知，便正是从此能否贯下来处着眼以言其“致”，致即是使它贯下来之谓。如何能贯下来？还是要靠良知本身有不容已地要涌现出来的力量，除此，别无其他歧绕出去的巧妙办法。就良知当下呈现而指点之、肯认之，这便是逆觉（内在的逆觉体证），步步逆觉而体证之，即是步步推致而扩充之。因此只言“致良知”即可，并不需搁下这致良知而回头枯槁一番，以后返致此良知之寂体（超越的逆觉体证）。你若觉得有此需要，或愿意枯槁一番以致虚守寂，那是个人的事。但真要使良知寂体流行于日用之中，还是要做阳明所说的那一套。若只是在这个轨辙上讲致虚守寂，自无不可。但双江、念庵为了讲枯槁归寂，乃以已发未发之方式想良知而把“良知”一词拆开，把知善知恶之良知看成已发，又看成是普通中性的知觉，随善念恶念而追逐，故云：“善恶交杂，岂有为主于中者乎？中无所主，而谓知本常明，恐未可也。”又云：“知善知恶之良知随出随泯，特一时之发见耳。一时之发见未可尽指为本体，则自然之明觉固当反求其根源。”[2]此明是以知善知恶之知不是良知，自然之明觉不是常明的明觉，而只是在善恶交杂中随出随泯而不可为主的知觉，知觉有良有不良，故必须反求于知善知恶的良知之前另求一个为主的

① 参见《朱文公文集》卷九十七《延平行状》论延平开端示人处。

② 见《明儒学案》卷十八《念庵学案：甲寅夏游记》。

寂体。殊不知“知善知恶之知”即是良知，即是“即寂即感”之寂体，即是常明之明觉。它不是随善念恶念而追逐的可良可不良的普通之知觉，而是凌驾于善念恶念之上的超越标准。善念恶念在下，可以说交杂，而此凌驾在上的知善知恶的知乃是绝对的纯一，何可言交杂？这纯一的超越的标准即是主，又何可再反求于根源以另求一个主？既有此为主之“知善知恶”“即寂即感”“即是未发之中，即是发而中节”的良知，自可依于此知而行，以成己成物，此即所谓致知以格物（正物）。阳明之讲说既详且备，何得忽略而生此误解？聂罗二人的讲法把阳明之良知弄得七零八落，面目全非，而最后却又跳不出阳明之藩篱，故牟先生说他二人是“乱动手脚，空劳扰攘”①。

① 见牟先生《王学的分化与发展》。又双江、念庵不认先天现成之良知，下第八章将再论及，兹不赘。

第六章 工夫指点的意义

阳明讲学的宗旨是“致良知”。致良知不是一句言谈，亦不是一种论说，而是真切的道德实践工夫。要指点这种道德实践的工夫，一方面必须“随机”，这是因人因时而可以不同的。但另一方面，这种指点亦自有它一定的“义法”，与一定的规矩入路。这个义法与入路在随机指点之时，亦仍然不可违背而必须遵循。本章拟将阳明书中有关工夫指点的重要记述举出来略作疏解。

儒家的义理思想总是落实在道德实践上，以成德性、成人格为本旨，因而亦常常直探心性之源，而有其奥旨微义。宋明儒之所以注重讲习，注重工大指点，正是由于这些道理必须在师友的亲炙熏习之中，才更能贴切而不走作，才更能真实受用。这是“生命的学问”，不是单纯的读书讲文或解释字义之事。书讲错了，字义解释错了，改正一下即可，而在生命的学问中，若有走作，有乖舛，那就是德性生命生死交关的事，所以陆象山常说“这里是刀锯鼎镬的学问”。[①]不但差之毫厘，谬以千里，而且会误妄一生的。阳明之学风行天下，而弊亦随之。何以正学而会有弊？弟子后学不善绍述

① 见《陆象山全书》卷三十五《语录》。

而已。刘蕺山[1]云：

> 今天下争言良知矣。及其弊也，猖狂者参之以情识，而一是皆良；超洁者荡之以玄虚，而夷良于贼。（《证学杂解》中语）

蕺山的批评是很深微的。对于良知与情识如不严加分辨，而一任自然情识随时鼓荡，则将流入“情识而肆”，而误认情识为良知。泰州派下所表现的便是这一面的弊病。从另一面顺着王龙溪之风而趋者，即所谓“超洁者荡之以玄虚，而夷良于贼”。把不住良知的宗旨，流于“虚玄而荡”，终于与佛老无别，这就是“夷良于贼”。蕺山甚至批评龙溪：“任一点虚灵知觉之气纵横自在，头头是显，不离着于一处，几何而不蹈佛氏之坑堑也哉？”[2]以虚灵明觉义言良知亦并不错，龙溪言虚灵明觉亦并未否定良知之天理义，但重于彼而轻于此，则不免滋生流弊。讲这种学问，一有疏忽而失其肯要，即马上岔入歧途，而不免有千里之谬，所以阳明总说“良知之天理”。心之为心或良知之为良知，在明觉，亦在天理；明觉与天理合一，方是本心，方是良知。一旦天理义把不紧，便必然流

---

① 刘蕺山乃黄梨洲之师，名宗周，字念台，浙江山阴人，为宋明理学之殿军。其学主诚意慎独，严分意与念，摄良知于意根（知藏于意）而归显于密；分别心宗与性宗，盛言“以心著性”之义。

② 见《明儒学案》卷首《师说》。按：蕺山之评下语甚重，龙溪虽不免有荡越之病，然谓其“蹈佛氏之坑堑”则未谛。

入“虚玄而荡”。[1]可见致良知之教是绝对不能视为言谈而徒然腾为口说的。阳明常有“这一点真骨血”之类的话，这表示良知之学自有精神血脉之真切处。我在此先引蕺山的话以说明王门后学讲良知的两大流弊，意在反显“工夫指点”之重要而不可忽。以下试分四节加以说明。

① 按：龙溪天泉证道，倡“四无”之说，是以“明觉之感应”说物，阳明于其说亦首肯之。但龙溪以四无为先天之学，为顿悟，以四句教为后天之学，为渐教，为权法，此则不妥。龙溪颖悟高，似乎把先天之学看得太容易，而又忽略“致良知”之先天义，故不免有荡越之病，立言亦不免有疏阔之处。唯龙溪于阳明之思路实甚精熟，为王门诸子所不及。若去其荡越疏忽不谛之处，则其四无先天之学亦是良知教之调适上遂，不可诬也（关于此，请参看下第七章）。然末流顺龙溪之风而趋者，既无龙溪之聪明颖悟，又未亲炙于阳明，于阳明之思路把握不真切，故末流之弊亦确有“荡之以玄虚，而夷良于贼”之病耳。然虚玄而荡乃是“人病”（情识而肆亦然），而非“法病”，后人以王学下之人病而妄议阳明良知之学，则过在后人，亦何伤于阳明乎？

第一节

克己与为己之心

《传习录》上载：

萧惠问："己私难克，奈何？"先生曰："将汝私来替汝克。"又曰："人须有为己之心方能克己，能克己方能成己。"惠曰："惠亦颇有为己之心，不知缘何不能克己？"先生曰："且说汝有为己之心是如何？"惠良久曰："惠亦一心要做好人，便自谓颇有为己之心。今思之，看来亦只是为得个躯壳的己，不曾为个真己。"先生曰："真己何曾离着躯壳？恐汝连那躯壳的己亦不曾为！且道汝所谓躯壳的己岂不是耳目口鼻四肢？"惠曰："正是为此。目便要色，耳便要声，口便要味，四肢便要逸乐，所以不能克。"

先生曰："美色令人目盲，美声令人耳聋，美味令人口爽，驰骋田猎令人发狂。这都是害汝耳目口鼻四肢的，岂得是为汝耳目口鼻四肢？若为着耳目口鼻四肢时，便需思量耳如何听，目如何视，口如何言，四肢如何动；必须非礼勿视听言动，方才成得个耳目口鼻四肢，这个才是为着耳目口鼻四肢。汝今终日向外驰求，为名为利，这都是为着躯壳外面的物事。汝若为耳目口鼻四肢，要非礼勿视听言动时，岂是汝之耳目口鼻四肢自能勿视听言动？须由汝心。这视听言动皆是汝心，汝心之视发窍于目，汝心之听发窍于耳，汝心之言发窍于口，汝心之动发窍于四肢。若无汝心，便无耳目口鼻。所谓汝心亦不专是那一团血肉，若是那一团血肉，如今已死的人那一团血肉还在，缘何不能视听言动？所谓汝心却是那能视听言动的，这个便是性，便是天理。有这个性，才能生这性之生理，便谓之仁。这性之生理发在目便会视，发在耳便会听，发在口便会言，发在四肢便会动，都只是那天理发生。以其主宰一身，故谓之心。这心之本体原只是个天理，原无非礼，这个便是汝之真己。这个真己是躯壳的主宰，若无真己，便无躯壳，真是有之即生，无之即死。汝若真为那个躯壳的己，必须用着这个真己，便需常常保守这个真己的本体，戒慎不睹，恐惧不闻，惟恐亏损了他一些。才有一毫非礼萌动，便如刀割，如针刺，忍耐不过，必须去了刀，拔了针。这才是有为己之心，方能克己。汝今是认贼作子，缘何却说有为己之心而不能克己？”

这一段话醒豁极了，真切极了，真能说得顽石亦点头。整段记述如分别言之，含有下列几层意思：

（一）“克己”“克”哪个“己”？

（二）“为己之心”“为”哪个“己”？

（三）“躯壳的己”与“真己”之分别，以及二者之关系。

（四）怎样是“为躯壳的己”，怎样是“为真己”？

“克己”是克躯壳的己，躯壳的己即是“身”；“为己”是为真己，真己即是“心”。但这只是方便说，不是究竟义。真正说来，“身”与“心”并非截然分开而两相对立之二物，所以说“真己何曾离着躯壳”。所谓“克己”亦并非不让耳目口鼻四肢去视、听、言、动，而是不可“随躯壳起念”而欲视美色，欲听美声，欲尝美味，欲享逸乐，因为这样便会盲、聋、爽、发狂，而害了耳目口鼻四肢。这是“向外驰求”“认贼作子”，连“为躯壳的己”也说不上。因此，“克己”实即“复礼”，亦即引文中所谓“才有一毫非礼萌动，便如刀割，如针刺，忍耐不过，必须去了刀，拔了针”。人必须“非礼勿视听言动”，才真能“为那个躯壳的己”。再深一层说，却又不是耳目口鼻四肢自己能视听言动，更不是它自己能视听言动“以礼”，而是“心”，是那个“真己”。“真己”与“躯壳的己”是主从关系，所以说“真己是躯壳的主宰，若无真己，便无躯壳，真是有之即生，无之即死”。没有真己做主宰，躯壳便只是躯壳，只是个死物。反之，有真己做主宰，躯壳便不只是躯壳，而是真己的具体显现：视听言动一循于礼。如此，便“克己”了，亦“为己”了。人常犯一个错误，将“身”与“心”分为对立之二物。结果工夫只落在对付这个“身”，对付不了时，便滥肆横决，逐物纵欲；即使气力够而对付得了，亦只成个槁木死灰。儒家讲“克己”并不是这样的。如《大学》讲“诚意”“正心”，岂不正是“修身”工夫？离开了诚意正心，哪还有修身工夫可得？我们再细看阳明这段话，真是彻通内外，本末一贯。人如真能“常常保守这个真己的本体”而慎独存诚，便是有“为己之心”，便能“克己”，也就能“成己”了。

附识

“为己”“成己”必须通过“为学”。阳明有一段论为学工夫的话甚为警切，兹录于此：“教人为学，不可执一偏。初学时心猿意马，拴缚不定，其所思虑多是人欲一边，故且教之静坐息思虑。久之，俟其心意稍定，只悬空静守，如槁木死灰亦无用，需教他省察克治。省察克治之功则无时而可间，如去盗贼，需有个扫除廓清之意。无事时将好色好货好名等私逐一追究搜寻出来，定要拔去病根，永不复起，方始为快。常如猫之捕鼠，一眼看着，一耳听着，才有一念萌动，即与克去，斩钉截铁，不可姑容与他方便，不可窝藏，不可放他出路，此方是真实用功，方能扫除廓清。到得无私可克，自有端拱时在。虽曰‘何思何虑’[①]，非初学时事。初学必须思省察克治，即是思诚，只思一个天理，到得天理纯全，便是何思何虑矣。”（《传习录》上）

① 关于“何思何虑”之义，请参看下第八章第二节。

第二节

静坐与光景

（九川）又问："静坐用功，颇觉此心收敛，遇事又断了，旋起个念头去事上省察，事过又寻旧功，还觉有内外，打不作一片。"先生曰："此格物之说未透。心何尝有内外？即如惟濬[1]今在此讲论，又岂有一心在内照管？这听讲时专敬，即是那静坐时心；功夫一贯，何须更起念头？人需在事上磨炼做功夫乃有益。若只好静，遇事便乱，终无长进。那静时功夫亦差似收敛，而实放溺也。"（《传习录》下）

由静坐得到的"收敛"是靠不住的，所以"遇事又断了"，于是又起个念头在事上去省察，等事情一过去，却又要回到静坐上再求收敛之功。这样来回照顾，反复搅扰，如何能内外打作一片？常

① 陈九川，字惟濬，号明水，阳明弟子，见《明儒学案》卷十九，属江右王门。

人总以为静时的无念是内，动时的起念是外。其实，人哪有无念之时？戒慎恐惧即是念，居敬的敬亦是念。戒惧与敬都是贯于动静的，谁说静时便不要戒惧，便不要敬？《中庸》《大学》讲“慎独”，岂不正是静时的敬与戒惧？人不是死体，当然念不可息，只是“念”要“正”而已。心本无内外，静亦不是内，动亦不是外，动时静时的心只是一个。心能做主时，无论在动时或在静时，都只是那个虚灵明觉、真诚恻怛的心，这才是“功夫一贯”。如此，哪有内外？又何分动静？如果你另外再起一个念头，想获得一个“静”，达到一个“无念”之境，那便是歧出入邪，便是妄念。因此，阳明说“何须更起念头？人需在事上磨炼做功夫乃有益。若只好静，遇事便乱，终无长进”。所以严格地讲，一味好静只是一种逃避的自私。试想一个人从立己到立人，成己到成物，从身到家国天下，该有多少事要我们去担负！如一味好静，只会消蚀我们的道德感与道德意识，只会萎缩我们的道德勇气与使命感，又怎能完成人生的责任？纵然一时收摄得了心，亦只是个干冷晶光的玻璃镜子而已，对于人生的责任而言，反而是一种深微的放肆与陷溺。所以阳明又说“那静时功夫亦差似收敛，而实放溺也”。

《传习录》下又有一段话：“动静只是一个，那三更时分空空静静的，只是存此天理，即是如今应事接物的心。如今应事接物的心亦是循此天理，便是那三更时分空空静静的心。故动静只是一个，分别不得。”无论动时静时，只是一个停停当当平平顺顺的工夫，只是“直道而行”。天理是直而无曲的，是活而不息的，顺它而行，就不会引生那些曲折的不相应的工夫，亦没有那些求静求无念的来往照顾之纷扰。而且“动未尝不静，静未尝不动”，动时顺天理而行，何尝不静定？静时存养天理，又何尝是枯寂的静？程明道云：“动亦定，静亦定，无将迎，无内外。”[①]这便是大贞定的工夫。曾子说吾日三省吾身，孟子言集义，《中庸》言诚身明善，《大学》言慎独，明道说识仁、以诚敬存之，象山说先立其大，以及阳明言致良知，都是孔子所谓“直道而行”的直道工夫。唯直道工夫，方能本末一贯，内而成就“内圣”之德，外而开出“外王”大业。后来受了佛家影响，于是有“静坐”一途。如作为个人受用，作为某一契机上的一时之权法，自无不可。但静坐绝不是本质的工夫。它是一隔绝的方式，是从外面窒息，不是“敬以直内，义以方外”，从里面正而开出的直道工夫。

> 一友静坐有见，驰问先生。答曰：“吾昔居滁时，见诸生多务知解，口耳异同，无益于得，始教之静坐。一时窥见光景，颇收近效。久之，渐有喜静厌动，流入枯槁之病，或务为玄解妙觉，动人听闻。故迩来只说致良知。良知明白，随你去静处体悟也好，随你去事上磨炼也好。良知本体原是无动无静的，此便是学问头脑。我这个话头自滁州到今亦较过几番，只是致良知三字无病。”（《传习录》下）
>
> 先生问在座诸友比来工夫如何。一友举虚明意思，先生

---

① 语见程明道《定性书》。笔者有《定性与定心》一文，刊于《文艺复兴月刊》十七期，请参看。又《阳明全书书录》卷二《答伦彦式书》，论“君子之学无间于动静”之义，颇为精要，亦宜参看。

曰："此是说光景。"一友叙今昔异同，先生曰："此是说效验。"二友惘然，请是。先生曰："吾辈今日用功，只要为善之心真切。此心真切，见善即迁，有过即改，方是真切工夫。如此则人欲日消，天理日明。若只管求光景，说效验，却是助长外驰病痛，不是工夫。"（《传习录》上）

这二段都说到"光景"。所谓光景，是在静坐中出现的一个似是而非的幻境。这个幻境却很不容易拆穿，人如以这个幻境为真，遂停在那个幻境中而描画之、欣趣之，便是"玩弄光景"。[①]这是为道之大病痛所在。何以会有光景之出现？这须从静坐说起。静坐是澄清一下子，将清明的东西浮上来（清明是就心说）。所以静坐也即观心，观清明之心。观心是以心为对象，是将心推出去当作一个客体来观，而其所观的清明之心实际上只是心的影子。其实，心永远为主体而落实，不能作为对象。若将心推出去作客体，则是心以自己观自己，心自身便起一主客之分裂，即心分裂为观者与被观者。观者这面的动用表现是"智及"，被观者那面是"智"

① 按：光景有广义、狭义之别，此所说者是光景之狭义。自曾点下及王门泰州派，乃专喜就平常、自然、洒脱、乐而言学。此本是就道体流行、良知心体流行而陈说一种境界。此境界至平常而实又极高极不容易，故不宜喧腾多说，多说亦无意思。良知自需在日用中流行，但若无真切工夫以支持之，则此流行便只是一种光景；若悬空去描绘这流行，便是玩弄光景。此是光景之广义。不能通过真切工夫以使良知真实流行于日用之中，而只静坐观心，只悬空去描绘良知心体如何如何，则良知本身亦便成了光景。此是光景之狭义。无论广义、狭义之光景，皆需拆穿。

所“及”的对象，而此被观之对象实际上并不是心，而是心推出去而为客体所现出的一个虚影，此便是光景。要拆穿光景，必须摄“智”归“仁”，仁心呈现，虚影消失，心始落实。

换一个方式来说，心——真实的本心，原只是个是非好恶、真诚恻怛；它是通内外，贯动静，而无物我之分的——故与天地万物为一体，上下与天地同流。而静坐者却要“求无念”（此是静坐之第一种趋向），要离本心恻怛之仁，要隔离本心是是非非好善恶恶之情，以期趋于干冷晶光的虚明之境。这个虚明是与真实心隔离（主客分裂）而映现的虚光景，是真实心投射的一个影子（因推出去而为客体所现出的影子），它是不落实的。这种情形好像投身于幻象，一旦出离此境，幻象拆穿，便立刻归于茫然；此即所谓不落实，所以全不济事。有时静坐亦仿佛能够达到静定之境，但那只是阳明所谓“近人宁静存心，只定得气”（此是静坐之第二种趋向）。而定气不是定心，要说是定心，亦只是告子克制其心的“不动心”。这好像是按住发条使它不动，一不按住便跳动起来。所以这种假静定一遇些事来，便牵滞纷扰，既不能应事接物，更不能经纶宰制，所以也全不济事。对治这假静定，只教他存天理，去人欲，以归于致良知的直道工夫。而要拆穿光景，亦是教他致良知，使他摄智以归仁，亦即归于真实之本心，归于良知之天理。如此则仁以养智，智成为仁中之智，成为良知天理中之智，而不再是那趋于虚明的孤智。这时那个虚明的光景便自然消失而被拆穿了。

阳明经历千折百难，濒临生死，而有龙场之悟道。这好比大病初愈，元气未复，不能不珍摄保养，所以居滁之时便“以默坐澄心为学”[1]。他此时教人静坐是主于收敛，旨在涵养省察，隔断习气私欲，以恢复本心。他说“窥见光景，颇收近效”，乃是就这个意思上说的。但别人没有他那番千折百难的践履求道的经历，亦没有他明觉精察、真切笃实的知行工夫，所以一下子便“喜静厌动，流入枯槁”或“务为玄解妙觉，动人听闻”。阳明不愧为大贤，他一眼看穿此中病痛，所以后来只从正面立教，本本分分，切切实实，教人作从里面开而出之的直道工夫——这就是致良知。这才是相应的工夫。静坐不是本质的相应工夫，而光景便是与这不相应的工夫相连出现的。对于这不相应的工夫，必须有一个破工夫的工夫，这是一个超越于不相应的工夫之上的工夫，在禅宗是用棒喝的方式，在阳明即是致良知。到此时，再不许你转念头，你若再转念头而歧绕出去，还只是就你本有的良知来指点，教你顺此良知开而出之。你若真能如此从里面开而出之，自然“见善即迁，有过即改”“人欲日消，天理日明”，这方是“真切工夫”。

①《明儒学案》卷十《姚江学案》中语。

第三节

居敬、穷理、尽性

梁日孚问："居敬穷理是两事，先生以为一事，如何？"先生曰："天地间只有一事，安有两事？若谓万殊，礼仪三百，威仪三千，又何止两？公且道居敬是如何，穷理是如何。"曰："居敬是存养工夫，穷理是穷事物之理。"曰："存养个甚？"曰："是存养此心之天理。"曰："如此亦只是穷理矣。且道如何是穷事物之理。"曰："如事亲便要穷孝之理，事君便要穷忠之理。"曰："忠与孝之理在君亲身上？在自己心上？若在自己心上，亦只是穷此心之理矣。且道如何是敬。"曰："只是主一。"曰："如何是主一？"曰："如读书便一心在读书上，接事便一心在接事上。"曰："如此则饮酒便一心在饮酒上，好色便一心在好色上，却是逐物，成甚居敬工夫？"

日孚请问。先生曰："一者天理，主一是一心在天理上。若只知主一，不知一即天理，有事时便是逐物，无事时便是着空。唯其有事无事，一心皆在天理上用功，所以居敬亦即是穷理，就穷理专一处说便谓之居敬，就居敬精密处说便谓之穷理，却不是居敬时别有个心穷理，穷理时别有个心居敬，名虽不同，功夫只是一事。就如《易》言：‘敬以直内，义以方外。’敬即是无事时义，义即是有事时敬，两句合说一件。如孔子言修己以敬，即不须言义；孟子言集义，即不须言敬。会得时，横说竖说，工夫总是一般；若泥义逐句，不识本领，即支离决裂，工夫都无下落。”

问：“穷理何以即是尽性？”先生曰：“心之体，性也，性即理也。穷仁之理真要仁极仁，穷义之理真要义极义。仁义只是吾性，故穷理即是尽性。如孟子说充其恻隐之心，则仁不可胜用。这便是穷理工夫。”

日孚曰：“先儒谓一草一木亦皆有理，不可不察，如何？”先生口：“大我则不暇。公且先去理会自己性情，须能尽人之性，然后能尽物之性。”日孚悚然有悟。（《传习录》上）

按：问者以居敬与穷理是两事，认为“居敬”是存养工夫，存养是存养此心之天理，又说“敬”只是主一；而“穷理”则是穷事物之理，如事亲便穷孝之理，事君便穷忠之理。阳明指点他：忠孝之理正在自己心上，并不是在君亲身上（君亲只是吾人尽忠尽孝的对象）。所以穷忠孝之理即是穷此心之理，此与居敬是存养此心之天理，正是二而一之事。而“主一”亦不是说做某事便一心在某事上——一心在读书上、在接事上，说起来似乎并不错，但问题是在主一的“一”是何意旨？若泛泛只是个“专一”之意，则世间事物纷陈，皆需应接，于是此事来便一心在此事上，彼事来便一心在彼事上，这样随着事物团团转，便难免如阳明所说：“如此则饮酒便一心在饮酒上，好色便一心在好色上，却是逐物，成甚居敬工夫？”接着阳明指出主一之“一”即是“天理”，主一是一心在天理上，应事时如此，无事时亦如此，无论有事无事，一心皆在天理上用功。这样既是居敬，亦是穷理。所以说“居敬亦即是穷理，就穷理专一处说便谓之居敬，就居敬精密处说便谓之穷理。”因此，居敬与穷理是一事，不是两事。若是看作二事时，便是作意分物我内外，分心理为二了。阳明认为“心即理也”，“心外无理”，“心外无物”。吾心之良知即是天理，天理不外吾心，心与理为一，所以心外无理。理为天理，心即为天心（天心亦即道心）。而天心无所不涵盖，所以心外亦无物。一切事物皆在天心天理之涵盖成就之中，如没有天心，没有天理，则事物将不成其为事物，人亦将不成其为人了。

至于“穷理”又何以即是“尽性”？阳明说：“心之体，性也，性即理也。”性即是理，穷即是尽，故穷理即是尽性，二者名异而实同。譬如，仁义，既是性，亦是理，穷仁义之理，即是尽仁义之性。所以阳明《答顾东桥书》有云：

> 仁极仁，而后谓之穷仁之理；义极义，而后谓之穷义之理。仁极仁，则尽仁之性矣；义极义，则尽义之性矣。（《传

习录》中）

若说“一草一木亦皆有理，不可不察”，此却是朱子“即物穷理”之说，而阳明认为这是“析心与理而为二”，是“务外而遗内”。二家之异最吃紧的关键是在“格物”义。在阳明，一切工夫总归于“致知”，致知是致吾心良知之天理于事事物物，以成事成物；知既致则物亦格，是以在“格物”这里并没有离致知而独立的另一套工夫（请参看上第二章第三节后段）。因为阳明的格物，实只是本良知天理以成用（使事事物物皆得其理、皆得其正），与成己成物“各正性命”之义相通。所以阳明的格物义是形上学的，不是认识论的（他所谓心与理一，心外无理，心外无物，亦都是形上的命题）。而朱子的格物，则可引出认识义。他说：“所谓致知在格物者，言欲致吾之知在即物而穷其理也……即凡天下之物，莫不因其已知之理而益穷之，以求至乎其极……则众物之表里精粗无不到，吾心之全体大用无不明矣。”[①]在此“即物穷理”的格物义上，则正有工夫可言，而且煞有事情做。但这样的格物却是与成圣成贤的工夫两不相应的。所以阳明说：“纵格得草木来，如何反来诚得自家意？”[②]格草木之理既与诚意工夫没有本质的相干，亦即与成德性成人格不相干。故曰：“夫我则不暇！公且先去理会自己性情，须能尽人之性，然后能尽物之性。”

---

① 语见朱子《大学章句·格物补传》。

② 见《传习录》下。

居敬、穷理是一事，穷理、尽性是一事，总括起来只是“致良知”。居敬是存养此心之天理，敬是主一，主一是一心在天理上；穷理是穷吾心之天理，尽性亦只是尽我心性中本有之天理而已。而“良知”即是吾心之天理；“致”是推扩，亦即充尽之意。穷理之穷，尽性之尽，与致良知之致，义皆相通。所以说，总括起来只是致良知。

第四节

集义、致良知

阳明《答聂文蔚》云：

近岁来山中讲学者往往多说勿忘勿助工夫甚难，问之则云才着意便是助，才不着意便是忘，所以甚难。区区因问之云："忘是忘个什么？助是助个什么？"其人默然无对，始请问。区区因与说："我此间讲学，却只说个必有事焉，不说勿忘勿助。必有事焉者，只是时时去集义。若时时去用必有事焉的工夫，而或有时间断，便是忘了，即须勿忘。时时去用必有事焉的工夫，而或有时欲速求效，此便是助了，即须勿助。其工夫全在必有事上用，勿忘勿助只就其间提撕警觉而已。若是工夫原不间断，即不须更说勿忘；原不欲速求效，即不须更说勿助。此其工夫何等明白简易，何等洒脱自在！今却不去必有事上用功，而乃悬空守着一个勿忘勿助，此正如烧锅煮饭，锅内不曾渍水下米，而乃专去添柴放火，不知煮出个什么物来。吾恐火候未及调停，而锅已先破裂矣。近日一种专在勿忘勿助上用功者，其病正是如此！终日悬空去做个勿忘，又悬空去做个勿助，茫茫荡荡，全无实落下手处。究竟只做得个沉空守寂，学成一个痴骙汉，才遇些子事来，即便牵滞纷扰，不复能经纶宰制。此皆有志之士，而乃使之劳苦缠缚，耽搁一生，皆由学术误人之故，甚可悯矣。”（《传习录》中）

按：《孟子·公孙丑上》云：“必有事焉，而勿正；心勿忘，勿助长也。”必有事焉之“事”是指“集义”。集义工夫或有时间断，即须“勿忘”；或有时欲速求效（勿正之正，即是预期效果），即须“勿助长”。勿忘勿助都是消极面的警戒之言，正面的积极工夫只在“必有事焉”，只在“集义”。所以阳明说“我此间讲学，却只说个必有事焉，不说勿忘勿助”。因为悬空守着个“勿忘勿助”，茫茫荡荡，全不落实，只是从外面把持，所以会有“才着意便是助，才不着意便是忘”之病。阳明教人“时时去用必有事焉的工夫”“时时去集义”，是要人从外面向内转，从内在的心开出真实的工夫。心本“常惺惺”，果能工夫“不间断”“不欲速求效”，便不须更说“勿忘”“勿助”，所以说“此其工夫何等明白简易，何等洒脱自在”。阳明又云：

夫必有事焉只是集义，集义只是致良知。说集义则一时未见头脑，说致良知即当下便有实地步可用功，故区区专说致良知。随时就事上致其良知，便是格物；着实去致良知，便是诚意；着实致其良知，而无一毫意、必、固、我，便是正心。着实致良知，则自无忘之病；无一毫意、必、固、我，则自无助之病。故说格致诚正，则不必更说个忘助。（同上）

阳明所谓“必有事焉”只是“集义”，这亦本是孟子之意，因为孟子说必有事焉原就是顺着集义说下来的。孟子认为“仁义内在”，所以“集义”只是表现内心本有之义而已。表现内心之义当然不能一曝十寒，因此纵贯地说，集义是不间断的，并非偶一为之，故曰“必有事焉”；内在地说，集义是表现内心本有之义，故曰“非义袭而取之也”（告子“义外”即是向外袭取，故孟子辟之）。总之，所谓集义乃是“随时表现内心之义”，以为其所当为之事。这与本乎良知之明以好善恶恶，以应万事万变，同样都是孟子所谓“由仁义行”。所以阳明便进一步说“集义只是致良知”。阳明致良知之教，既真切落实，又圆融周密。他以“致良知”解大学之“致知”，故能将“格、致、诚、正”一起贯通串联起来，而最后的真切工夫则只是一个致良知。他说：

盖良知只是一个天理自然明觉发见处，只是一个真诚恻怛，便是他本体。故致此良知之真诚恻怛以事亲便是孝，致此良知之真诚恻怛以从兄便是悌；致此良知之真诚恻怛以事君便是忠。只是一个良知，一个真诚恻怛。（同上）

良知即天理，只是一个好善恶恶，只是一个真诚恻怛。随着这一念良知，便致此良知之天理于事事物物，则事事物物皆得其理，皆得其正。“使人于事君、处友、仁民、爱物，与凡动静语默之间，皆只是致他那一念事亲从兄、真诚恻怛的良知，则自然无不是道。”（亦《答聂文蔚》中语）所以当有人以为童子不能格物，只需教以洒扫应对，阳明便说：“洒扫应对亦是格物。童子良知只到此，便教去洒扫应对，就是致他那一点良知了。又如童子畏先生长者，此亦是他良知处，故虽嬉戏中见了先生长者，便去作揖恭敬，就是他能致其敬师长之良知了。童子自有童子的格物致知。”又曰：“我这里言格物，自童子以至圣人皆是此等工夫。但圣人格物便更熟得些子，不消费力。如此格物便卖柴人亦做得，虽公卿大夫以至天子皆是如此做。”①

而且，致良知是工夫的起点，亦是工夫的终点。“今日良知见在如此，只随今日所知扩充到底；明日良知又有开悟，便从明日所知扩充到底。”②除此，再无别的工夫。

> 一友问工夫不切。先生曰：“学问工夫我曾一句道尽，如何今日转说转远，都不着根？”对曰：“致良知盖闻教矣，然亦需讲明。”先生曰：“既知致良知，又何可讲明？良知本是明白，实落用功便是。不肯用功，只在语言上转说转糊涂。”曰：“正求讲明致之功。”先生曰：“此亦需自家求，我亦无

---

① 见《传习录》下。
② 见《传习录》下。

别法可道。昔有禅师，人来问法，只把麈尾提起。一日其徒将麈尾藏过，试他如何设法，禅师寻麈尾不见，又只空手提起。我这个良知就是设法的麈尾，舍了这个，有何可提得？”少间，又一友请问工夫切要，先生旁顾曰：“我麈尾安在？”一时在座者皆跃然。

良知天生现成，就在各人心中，只要随时随事致此良知，自然一切平平顺顺，中节中理。今既已知闻“致良知”之教，却不实时随事实落用功，去致自家本有的良知，而又欲别求一个工夫切要，别求一个“致之”之功，这便是节外生枝，无端生起的杂念；纵然亦能说出一些言语话头，总都是不相应的工夫。对于这不相应的工夫，必须对治而加以破斥，而致良知就是对治这些不相应之工夫的、那个超越的相应的工夫，亦即从里面开而出之的直道而行的工夫。这是最切要的，亦是最后的。所以阳明指点工夫，虽然随机接引，言不尽同，而万脉结穴，最后必归于“致良知”。至于麈尾的引喻，不过借以表示我除了“致良知”，再无学问工夫可说而已。

第七章

四句教与天泉证道

第一节

天泉桥上一夕话

阳明晚年有二位大弟子，一是钱德洪（绪山），一是王汝中（龙溪）。在阳明五十六岁出发征思田的前夕，他们二人对阳明接引学者的教言发生了论辩，于是一同请问于阳明。这一夕话，后来成为王门义理论争的大题目。本章将顺其原始文献作一疏导。

《传习录》卜载：

> 丁亥年九月，先生起复征思田，将命行时，德洪与汝中论学。汝中举先生教言曰："无善无恶是心之体，有善有恶是意之动，知善知恶是良知，为善去恶是格物。"德洪曰："此意如何？"汝中曰："此恐未是究竟话头。若说心体无善无恶，意亦是无善无恶的意，知亦是无善无恶的知，物亦是无善无恶的物矣。若说意有善恶，毕竟心体有善恶在。"德洪曰："心体是天命之性，原是无善无恶的。但人有习心，意念上见有善恶在。格致诚正修，此正是复那性体功夫。若（意）原无善

恶，功夫亦不消说矣。”

是夕，侍坐天泉桥，各举请正。

先生曰：“我今将行，正要你们来讲破此意，二君之见正好相资为用，不可各执一边。我这里接人原有此二种。利根之人直从本源上悟入。人心本体原是明莹无滞的，原是个未发之中。利根之人一悟本体即是功夫，人己内外一齐俱透了。其次，不免有习心在，本体受蔽，故且教在意念上实落为善去恶。功夫熟后，渣滓去得尽时，本体亦明尽了。汝中之见是我这里接利根人的，德洪之见是我这里为其次立法的。二君相取为用，则中人上下皆可引入于道。若各执一边，眼前便有失人，便于道体上各有未尽。”

既而曰：“以后与朋友讲学，切不可失了我的宗旨：无善无恶是心之体，有善有恶是意之动，知善知恶的是良知，为善去恶是格物。只依我这个话头，随人指点，自没病痛。此原是彻上彻下功夫。利根之人世亦难遇，本体功夫一悟全透，此颜子、明道所不敢承当，岂可轻易望人？人有习心，不教他在良知上实用为善去恶功夫，只去悬空想个本体，一切事为俱不着实，不过养成一个虚寂。此个病痛不是小小，不可不早说破。”是日德洪、汝中俱有省。

《年谱》五十六岁下亦记载此事，其措辞与《传习录》略有异同，现亦录于此，俾学者得以窥其全，且便于参较而观。

是月初八日，德洪与畿（汝中）访张元冲[①]于舟中，因论为学宗旨。畿曰："先生说知善知恶是良知，为善去恶是格物。此恐未是究竟话头。"德洪曰："如何？"畿曰："心体既是无善无恶，意亦是无善无恶，知亦是无善无恶，物亦是无善无恶。若说意有善恶，毕竟心亦未是无善无恶。"德洪曰："心体原来无善无恶，今习染既久，觉心体上见有善恶在，为善去恶正是复那本体之功夫。若见得本体如此，只说无功夫可用，恐只是见耳。"畿曰："明日先生启行，晚可同进请问。"

是日夜分，客始散，先生入内。闻德洪与畿候立庭下，先生复出，使移席天泉桥上。德洪举与畿论辩请问。先生喜曰："正要二君有此一问。我今将行，朋友中更无有论及此者，二君之见正好相取，不可相病。汝中须用德洪功夫，德洪须透汝中本体，二君相取为益，吾学更无遗矣。"

德洪请问。先生曰："有只是你自有，良知本体原来无有。本体只是太虚，太虚之中，日月星辰，风雨露雷，阴霾曀气，何物不有？而又何一物得为太虚之障？人心本体亦复如是。太虚无形，一过而化，亦何费纤毫气力？德洪功夫须要如此，便是合得本体功夫。"

畿请问。先生曰："汝中见得此意，只好默默自修，不可执以接人。上根之人世亦难遇，一悟本体即见功夫，物我内外

① 张元冲，字叔谦，号浮峰，属浙中王门，见《明儒学案》卷十四。

一齐尽透，此颜子、明道不敢承当，岂可轻易望人？二君以后与学者言，务要依我四句宗旨：无善无恶是心之体，有善有恶是意之动，知善知恶是良知，为善去恶是格物。以此自修，直跻圣位，以此接人，更无差失。”

畿曰：“本体透后，于此四句宗旨何如？”（观此，龙溪似乎总以此四句不是究竟话头。）先生曰：“此是彻上彻下语，自初学以至圣人只此功夫。初学用此，循循有入；虽至圣人，穷究无尽。尧舜精一功夫亦只如此。”

先生又重嘱咐曰：“二君以后再不可更此四句宗旨，此四句中人上下无不接着。我年来立教，亦更几番，今始立此四句。人心自有知识以来已为习俗所染，今不教他在良知上实用为善去恶功夫，只去悬空想个本体，一切事为俱不着实。此病痛不是小小，不可不早说破。”

这天泉桥上一夕话关系王学义理甚大，亦引起很大的误解与争论。阳明四句教言简称“四有”，龙溪的说法则简称“四无”。龙溪心思灵活，在此确显出他过人的颖悟，他自己亦以此为得意之笔，所以《王龙溪语录》卷一头一篇便是《天泉证道记》。“四有”与“四无”毕竟表示什么意义？“四无”之说法与阳明良知教义有无抵触？二者能相会通否？下文即依次加以讨论。

第二节

四句教释义

无善无恶心之体，有善有恶意之动。

知善知恶是良知，为善去恶是格物。

阳明这四句教言是先开“心、意、知、物”四面，以揭示一德性实践的内在义路。

第一句“无善无恶心之体”。这是历来引起误会与争议的所在。东林学派顾宪成辩之尤力，以为“坏天下之法自斯言始”。直到黄梨洲撰《明儒学案》，还特为调解，说阳明“所谓无善无恶者，无善念恶念耳，非谓性无善恶也”。[①]梨洲又云：

（东廓）先生《青原赠处》记阳明赴两广，钱、王二子各言所学。绪山曰：至善无恶者心，有善有恶者意，知善知

① 见《明儒学案》卷五十八《东林学案一·顾泾阳学案》。

恶是良知，为善去恶是格物。龙溪曰：心无善而无恶，意无善而无恶，知无善而无恶，物无善而无恶。阳明笑曰：洪甫须识汝中本体，汝中须用洪甫工夫。——此与天泉证道同一事，而言之不同如此。蕺山先师尝疑阳明天泉之言与平时不同。平时每言至善是心之本体。又曰至善只是尽乎天理之极，而无一毫人欲之私。又曰良知即天理。《录》中言天理二字不一而足，有时说无善无恶者理之静，未尝径说无善无恶者是心体。今观（东廓）先生所记，仍是以至善无恶为心，即四有四句亦是绪山之言，非阳明立以为教法也。今据天泉所记，以无善无恶议阳明者，盍亦有考于（东廓）先生之所记乎？[①]

按：顾宪成之说当然是误解。黄梨洲以为阳明所谓“无善无恶”是说无善念恶念，并不是说性无善恶，这个疏解亦说得欠分明。刘蕺山（宗周）以四句教与阳明平日之言不同，而疑四句盖绪山之言而不出于阳明。其实，即使这四句话是绪山综括而成，亦并不背于阳明之意旨，而且阳明亦已明白首肯，所以《传习录》与《年谱》以及《天泉证道记》记载此事时皆直说是阳明之教言，因此蕺山之疑亦未谛。至于邹东廓《青原赠处》所记首句为“至善无恶者心”，字面上与“无善无恶心之体”句虽有不同，但如通彻阳明良知教之奥义来看，则二句所指述之义旨实不相违。所谓“无善

① 见《明儒学案》卷十六《邹东廓学案》。

无恶心之体”，是先抽象地陈述一个潜隐自存的本体，这个本体（是心体，亦是性体）是道德之根、价值之源，这当然是纯粹至善的。但何以又说“无善无恶”？因为：

（一）这心体乃是“理”，不是“事”。事有相，而理没有相，理自无不善，但却无有善相可见。所以阳明又说：“无善无恶者理之静，有善有恶者气之动。不动于气，即无善无恶，是谓至善。”[①]至善之心体无善恶之相可见，故曰“无善无恶”。

（二）说“无善无恶心之体”，与告子所谓“性无善无不善”并不相同，二者不可混视。无善无恶的“无”，意在遮拨善恶相对的对待相，以指出这潜隐自存的心体不落于善恶对立之境，借以凸显其超越性、尊严性与纯善性。

（三）这纯善的心体是未经分划的那个本源的原始之绝对（绝对善，善本身）。究极地说，它是不能用任何名相（善与恶皆是名相）加以指述的。一用名相指述，便限定了它，它便成为相对的，而不是超越的绝对的本体了。

性体是超越的绝对，无善恶之对待。此义胡五峰在其《知言》书中已先说到。他说：“善不足以言之，况恶乎哉？”又说：“孟子之道性善，叹美之辞，不与恶对也。”[②]朱子不了解五峰之思路，作“知言疑义”八端以致疑，而误以为五峰主张“性无善恶”，正是由于他未能虚心会解五峰“性不可以善恶言”之实意，

---

① 见《传习录》上，薛侃所记。

② 见《宋元学案》卷四十二《五峰学案》。

而对“性体至善，超善恶相”之义没有相应的了解之故[1]。顾宪成之误解阳明，亦是由于对“心体至善，超善恶相”之义没有相应的契会，其情形盖与朱子之误解五峰相同。

第二句“有善有恶意之动”。依阳明，意是心之所发，心体没有善恶相，到意念发动便有善恶之分。因为心之发动为意念，往往是牵连于躯壳（气质欲望）而分化：顺躯壳起念为“恶”，不顺躯壳起念则为“善”。前者是心体受了气质欲念之阻隔陷溺而被歪曲，后者则是心体从气质欲念之陷溺蒙蔽中跃起来，而如其本性以呈现。意之动既有善恶之分，故工夫唯在心之发动处着力。按：“意之动”有善有恶，而“动于意”则无论善念恶念皆将成为恶的，因为“意之动”是直接从心体发，可说是第一序的意，而“动于意”则是间接的，是顺第一序的意又返回来而多起了一层念，在这第二层的念中，便有利害计较与意见习气夹杂进去，所以无论善念恶念一齐皆坏。后来刘蕺山严辨“意”与“念”即以此故。又“气之动”与“动于气”的分别，义亦同此。

第三句“知善知恶是良知”。阳明《大学古本序》有云：“至善也者，心之本体也。动而后有不善，而本体之知未尝不知也。”本体之知即是良知。心意发动处的善恶，只有自己的良知知之，此乃“人所不知而己所独知”者。良知何以能知此发动处的善恶？因为良知乃是超越而照临于经验的善念恶念之上的天理，意有善与恶

① 按：胡五峰之学，笔者有《南宋胡氏家学与湖湘学统》与《胡子知言大义述评》两文，刊于《孔孟学报》二十一期与二十七期。

之两歧，而照临此意的良知即是绝对的纯一。良知明觉神感神应，它自能知善知恶，知是知非，这是瞒不过的。所谓“致良知”，即是把这照临于经验的善念恶念之上的“知”扩充出来，以是是而非非、善善而恶恶，使心之所发的意念只有善而无恶，使恶念在良知之“致”中随时消化于无形。

第四句“为善去恶是格物”。依阳明，“意之所在便是物”[①]。物，即是意念之内容。意念之内容，亦即一一之行为或一件件之事。吾心之良知不但知善知恶，而且好善恶恶；由好善而为善，由恶恶而去恶，即是致知以格物。格者，正也。格物，即是正意之所在的物，以使意念之内容（事事物物），皆在良知天理之鉴照润泽中表现而为具体的善行与善事。以是，所谓“为善去恶”，即是在致良知中“纯化意念”与“纯化意念之内容”。自纯化意念而言，是诚意；自纯化意念之内容而言，则是“格物”[②]。

关于阳明四句教的义旨略如上说。兹再将一二句与三四句列为两个简表，以资醒目：

心体无善无恶 { 粹然至善 / 超善恶相 } 心之所发：意 { 顺心体而呈现：善 / 顺躯壳而呈现：恶

良知 { 知善——好善 / 知恶——恶恶 } 为善去恶：致知格物 { 纯化意念——诚意 / 纯化意念之内容——格物

---

① 见《传习录》上。

② 关于“格物”之义，请参看上第二章第三节。

至于龙溪“四无”之说，是认为“心体既无善无恶”，则“意亦是无善无恶的意”“知亦是无善无恶的知”“物亦是无善无恶的物”。第一句“心体无善无恶”是阳明四句教中本有的，此自无问题。第三句说“知亦是无善无恶的知”，亦可容许。因为良知之知善知恶是知“意之动”处的善恶，而良知本体之善并非善恶对待中的善，故可说无善无恶。至于第四句“物亦是无善无恶的物”，似乎不是关键所在。因为“物”是“意之所在”，意若顺承良知而发为诚意或善意，则意之所在的物自可超离善恶之对待而亦无善无恶。所以四无之说的关键，当在第二句“意亦是无善无恶的意”。阳明四句教谓有善有恶是意之动，而龙溪以为意之动既有善恶，则必牵累到心体亦有善恶，所以说若意有善恶，毕竟心体还有善恶在。反之，心体既无善无恶，则意亦无善无恶。

龙溪的说法，其实还有未妥帖处：

（一）人不是神，亦不纯然是那纯善的心体，他还有躯壳（气质）一面。因此，心之所发的意念，有时虽顺承心体而发，有时亦可能为躯壳所牵引，所以在意之动处有善亦有恶。而由心体之至善到意之纯善，正有许多工夫在。[①]然则龙溪所谓“若说心体是无善无恶，意亦是无善无恶的意”，便不免言之轻易，而有蹈空不实之嫌。

（二）“意”虽有善有恶，但有“良知”一准则冒乎“意”之

---

① 如义利、公私、是非、善恶、诚伪……之辨，皆需在“意之动”处着力。

上以鉴别其为善为恶，则心体便不会随意之善恶而陷溺，因而得以保住心体之纯善。故阳明终必以“致良知”为其讲学之宗旨。能充尽吾心良知之天理，则心体之至善自可不因意分善恶而落于善恶对待之境，而心体之内在的先天的准则性遂得以保住。据此可知，龙溪所谓“若说意有善恶，毕竟心体还有善恶在”，此语实欠谛当。

以上是依据《传习录》与《年谱》之记述，略说“四无”之意义及其欠妥当处。但《传习录》与《年谱》有关龙溪四无说之记述，皆不如《天泉证道记》之详明。下节即依据龙溪自己所说，再作进一步的解析。

第三节

“四有”与“四无”之会通

《王龙溪语录》卷一《天泉证道记》云：

阳明夫子之学以良知为宗，每与门人论学，提四句为教法：无善无恶心之体，有善有恶意之动，知善知恶是良知，为善去恶是格物。学者循此用功，各有所得。绪山钱子谓此是师门教人定本，一毫不可更易。先生谓夫子立教随时，谓之权法，未可执定。体用显微只是一机，心意知物只是一事。若悟得心是无善无恶之心，意即是无善无恶之意，知即是无善无恶之知，物亦是无善无恶之物。盖无心之心则藏密，无意之意则应圆，无知之知则体寂，无物之物则用神。天命之性粹然至善，神感神应，其机自不容已，无善可名，恶固本无，善亦不可得而有也，是谓无善无恶。若有善有恶，则意动于物，非自然之流行，着于有矣。自性流行者，动而无动；着于有者，动而动也。意是心之所发，若是有善有恶之意，则知与物一齐皆有，心亦不可谓之无矣。……

龙溪认为：若说心体无善无恶，则意、知、物亦无善无恶。反之，若说意有善有恶，则知、物亦一齐皆有，心亦不可谓之无。龙溪之言是何意指？“意”有善有恶，则意之所在的“物”自亦有善有恶、有正有不正。但我们不能说知善知恶的“良知”与无善无恶是谓至善的“心体”亦有善有恶；若说善的良知与恶的良知，或说善的心体与恶的心体，此则不成话，而将成为良知与至善心体之否定。阳明之意固不如此，龙溪之意亦不如此。因为龙溪明说“天命之性粹然至善，神感神应，其机自不容已，无善可名，恶固本无，善亦不可得而有也，是谓无善无恶”。良知心体即是天命之性，所谓“恶固本无，善亦不可得而有”，即是表示：良知心体无善恶之相可见，不可以善恶来指述。据此可知，所谓“一齐皆有”绝不是说良知心体有善有恶。然则“良知”“心体”之为有，与“意”“物”之为有，其含义必有不同。

依牟先生的疏解[①]，龙溪所谓一齐皆有的“有”，乃是存有之有，有相之有。“意”与“物”是经验层上的感性的有，而“心体”“良知”则是超越层上的睿智的有；有之层次虽不同，但都是有。就其为“有”而各显其为有之“相”：

（一）意之为有，即因其发动有善有恶而显其为善的意与恶的

① 本节言“四有”与“四无”之会通，义本业师牟宗三先生《王学的分化与发展》一文之下篇。见《新亚书院学术年刊》第十四期。

意之“意相”。

（二）心体之为有，亦是顺意之有善有恶而显其为不同于意的“至善之相”（《传习录》上云：无善无恶，是谓至善）。

（三）良知之为有，是顺意之有善有恶而显其为知善知恶之“知相”。

（四）物是意之所在，故物之为有，是顺意之有善有恶而显其为正的物与不正的物之“物相”。

总之，意之发动既有善有恶，则因“化其不善以归于善”之对治关系，心、知、物亦随意之有相而一齐皆有相，故龙溪说四句教为“四有”。

“有”是从存有而有相方面说，“无”则从工夫作用之无相方面说。吾人从事道德实践，必须朗现良知心体之本性，亦即必须体现那无相的实体性的心。而这体现工夫上的工夫的心，亦必须全如那实体性的心之无相而无相，那实体性的无相心才能全部朗现。这时工夫的心与实体性的心乃全合二为一，而成为无相心之如如朗现，这就是工夫上作用的无所执无所着的无相之“无”。龙溪所谓无，即是这个意义上的无。故曰：

> 无心之心则藏密，无意之意则应圆。
> 无知之知则体寂，无物之物则用神。

若是心有相，则其藏不密；意有相，则其应不圆；知有相，则其体不寂；物有相，则其用不神。龙溪这四句话虽然十分诡秘，但亦是就作用之“无相”而说。而此义实亦儒、释、道三家所共有者。如禅家言“即心是佛，无心为道”。前句是正面说，是有；后句则是从体现那“即心是佛”之体现上的无相而说，因而亦就是无。程明道云：“天地之常，以其心普万物而无心；圣人之常，以其情顺万事而无情。”[①]“以其心”是有，“普万物而无心”，无心于普而自普，则是无。故明道又言：“天地无心而成化。”必须是这样的心，才是天地之心，才是无善无恶、超善恶相的至善心体。以上是就“心”与“知”说。若就“意”与“物”说，则须有层次上之转进：意与物起初有善有恶，但通过致良知，化意归心，纯从知起，则本属经验层者即提升而为超越层，如是则意亦为粹然至善的无相之意。纯善之意既如心之无相而无相，则意之所在的物（事）亦无善恶对待之差别相而为至善。——当然，事亲从兄还是事亲从兄，乃至草木瓦石还是草木瓦石，这仍然是差别，但却不是有善有恶的差别。这种没有善恶之差别相的差别之物乃是如相之物。如相之物纯是良知天理之所贯彻，纯是知体著见，纯是明觉之感应。[②]龙溪即从这里说“四无”。

---

① 按：此为程明道《定性书》中之语。笔者有《定性与定心》一文申述其义，见《文艺复兴月刊》十七期。又孔子云：“四时行焉，百物生焉，天何言哉？”实即明道“天地之常，以其心普万物而无心”一语之依据。

② 按：罗近溪《盱坛直诠》有云：“抬头举目，浑全只是知体著见；启口容声，纤悉尽是知体发挥。”近溪所言即是就良知明觉之感应说。明觉感应中之物是如相之物，不可作现象观。请参看上第二章第二、第四两节。

是故，从“意之所在”说物，便需步步对治，而心、意、知、物亦必须分别予以省察与反照——对意与物而言曰省察，对心与知而言曰反照。如是吾人之心境自然落于“有”中，而不能一体而化。此便是“四有”句。若从“明觉之感应”说物，则良知明觉即是心之本体。明觉感应自无不顺适。意从知起，自无善恶之两歧；物循良知之天理而现，自无正与不正之驳杂。如是，明觉无所对治，亦无任何相可着，心、意、知、物一体而化，一切皆是如如呈现。此便是“四无”句①。

以上是龙溪倡说“四无”的思路，并不悖于阳明致良知之义理，而且是应有之调适上遂，故阳明亦予首肯。四有与四无自然是代表两种方式：四有是经验的方式，四无是超越的方式。从工夫上说，四有从后天入手，有所对治，亦可说是渐教；四无是从先天入手，无所对治，无有容“渐”之处，因此必须是顿悟。从四有之方式做致良知工夫，致久而纯熟，则私欲净尽，亦可进到四无之境，此即阳明所谓“即工夫即本体”。依四无之方式做工夫，则直悟本体，一悟全悟，良知本体一时顿现，其所感应之事亦一时全现，此即所谓圆顿之教（圆必含顿，顿必含圆），亦即所谓“即本体即工夫”。而本体亦无本体相，工夫亦无工夫相，只是

---

①“四无”是分别就心、意、知、物四面而说，实则一切皆如如呈现，无任何相可着，故四无实即一无。

良知心体之“于穆不已”“纯亦不已”。[1]据此解析，四无句固是先天之学，是顿悟；而四有句虽从后天入手，却不是后天之学，虽因对治而为渐，却亦不只是渐教，尤其不可视为权法。兹再分三点作一简括之说明：

（一）依龙溪《天泉证道记》所载，阳明以四无之说乃为上根人立教，四有之说乃为中根以下人立教。所谓上下根之分，不只是聪明与否的问题，最重要的关键是在气质私欲。上根之人合下私欲少，不易为感性所影响，故易于自然地顺明觉走。此即孟子所谓尧舜性之也。中下根之人则因私欲多，牵累缠结亦多，良知总不容易贯下来，故须依四有句之方式痛下省察反照的工夫。此即孟子所谓汤武反之也[2]。而事实上，四有句乃是道德实践之普遍的甚至是必然的方式。所以阳明说：“二君以后与学者言，务要依我四句宗旨。”又谆谆告诫道：“切不可失了我的宗旨。”（见第一节引文）盖上根之人世间少有，故四无之说虽可成立，但以之为一种独立的教法则不妥。四无是在实践中所达到的化境，而化境不可以为教法，因为性之之人乃是天纵之圣，对天纵

---

① 按：“于穆不已”见《诗·周颂·维天之命》。于音乌，叹辞。穆，深远也。此句乃叹美天道之深远奥秘与天命之流行不已。“纯亦不已”见《中庸》二十六章。此句乃叹美人德之纯及其不间断之道德创造。依儒家性命天道相贯通之义，天道天命亦超越亦内在，心体性体亦内在亦超越，故心、性、天是一。天道生生，人（仁）道亦生生。成己成物皆是良知天理之贯彻润化，皆是良知心体之于穆不已、纯亦不已。此义至陆、王而尤深切著明。第二章与第八章皆有述及，请参看。

② 孟子二语见《孟子·尽心上》篇。

之圣尚有何教法之可言？据此可知，四无之说实不可作一客观之教法。

（二）四有句以诚意为工夫着落处，是表示“意之动”乃是问题之所在，而解决问题的底据（诚意所以可能的超越根据）则是良知。意之动是后天的，而良知却是先天的。而且四有句之为渐，亦只是因为有所对治而为渐，但其对治却不是后天地辗转对治，它有先天的良知（本心）为其对治的超越根据。因而这种渐亦就含有顿之可能，而可以通于顿。未至于顿是渐境，至于顿则是化境。龙溪以四无为先天之学，为顿悟，而以四有为后天之学，为渐教，他的意思似是欲人舍后天而趋先天。这一方面是由于他思之不审，一方面亦是因为他颖悟高，把先天之学看得太容易，故不免有荡越之病。——按：龙溪言四无（时三十岁），于良知教之先天义不免有忽略。然阳明卒后之二十七年龙溪作《致知议略》①有云：“良知者本心之明，不由思虑而得，先天之学也。”其后之《致知议辩》又云：“夫寂者未发之中，先天之学也。未发之功却在发上用，先天之功却在后天上用……舍了诚意，更无正心工夫可用。”此时龙溪亦说良知为先天之学，又说先天之功在后天上用。因为就道德实

---

①《王龙溪语录》卷六《致知议略》谓“徐生时举将督学敬所君之命，奉奠阳明先师遗像于天真，因就予而问学”云云。按《阳明年谱》卷二附录载：嘉靖三十四年改建天真仰止祠，江右提学副使王宗沐（敬所）访南康生祠塑师像，遣生员徐应隆（时举）迎至新祠为有司公祭，下祠塑师燕居像为门人私祭云云。可知《致知议略》作于是年，实阳明卒后之二十七年，时龙溪五十八岁。

践而言，先天是心，后天是意。意既是后天，自有善有恶，所以必须着工夫。所谓先天之功在后天上用，意即正心工夫只在诚意，“舍了诚意，更无正心工夫可用”。龙溪此处所说，却正是本于阳明致知诚意格物之义而言之，并无差谬。而说“四无”之时，径以先天与后天、顿与渐而分判“四无”与“四有”，则是由于思之未审而措辞疏阔之故。

（三）《传习录》与《年谱》记阳明之言，皆谓四句教“原是彻上彻下工夫”，而龙溪《天泉证道记》则不提此义，因为当时他把四有句视为权法，认为未可执定。实则四句教并非只是后天的，亦非彻底的渐教，它既有先天义，亦可达到顿时的化境，何得视为权法？而且不承认致良知教则已，要说致良知，便只有在四有句上成立。而在四无句上，本体亦无本体相，工夫亦无工夫相，只是一圆顿化境；既然无所对治，则根本无“致”之工夫可言。所以龙溪之倡说四无，于阳明学中虽非无所本，但要说工夫教法，实只有四有句一套。四有句即是彻上彻下的工夫，而不可视之为权法。故《年谱》记阳明之言曰：“此是彻上彻下语，自初学以至圣人只此功夫。初学用此，循循有入；虽至圣人，穷究无尽。尧舜精一功夫亦只如此。”

以上所述，是会通“四有”与“四无”的基本衡定。总之，四有与四无、顿与渐、先天与后天皆可以说，以四句教为彻上彻下工夫亦可以说。只要分际弄清楚，这些词语皆有其谛义。龙溪因思之未审，措辞亦有疏阔不尽而欠谛当处，所以引起争议[①]。其实他对阳明之思路比当时王门诸子皆较精熟，阳明所有之主张他皆遵守而不渝，他专主阳明而不参杂宋儒之说，故牟先生认为龙溪实可说是阳明之嫡系。他在四无上把境界推至其究竟处，只要去其荡越与疏阔不谛之处，则龙溪先天之学亦是良知教之调适上遂。黄梨洲对龙溪虽有不满、有误解，但亦不能不说："先生亲承阳明末命（晚年

---

① 按：阳明当时对四有与四无之和会亦有未尽妥善处，如云"吾教法原有此二种"（《天泉证道记》所记语），或云"我这里接人原有此二种"（《传习录》所记语），二语皆以"四无"亦是一种教法，实欠妥。故《年谱》则谓四有句"中人上下无不接着"，而不说有二种教法。再如，"中根以下者未悟本体，未免在有善有恶上立根基，需用为善去恶工夫以渐复其本体"（见《天泉证道记》），此虽龙溪所记，然当时阳明或实有此语。牟先生谓"立根基"当是"立足"之义，实意是说工夫从"有善有恶之意"上着眼或下手。然直说"在有善有恶上立根基"终有语病，易滋误会。又《王龙溪传》有云："文成至洪都，邹东廓率同门三百人来谒，请益，文成语之曰：军旅匆匆，何处说起？吾有向上一机，久未敢发，以待诸君自悟。近被王汝中拈出，亦是天机该发泄（《天泉证道记》亦有此语）。"此则未免有张皇之嫌。人兴会来时易好高逞才，阳明征思田，行色匆匆，出发前夕忽闻门人小子颖悟透宗之言，其欣慰之情可想而见，或因过分高兴，遂亦不免着了一分意思，故说出这句话。实则，当致良知教说出之时，天理流行、何思何虑、即本体即工夫诸义即已含于其中，何至待龙溪说出四无时方始泄发天机耶？阳明当时是在何种契机上说这些话，说话时之语气是否同于龙溪传中之所述，现皆不可知。然既有此意，便易使人玄荡。唯阳明既云四有句是"彻下彻上语"，则仍表示有收煞、定得住。故凡此等记述语，皆应以阳明平素精熟平实之言为准而照察之，使之归于精当平正，以得其实义。即龙溪之说，亦当通观彼别处所言者而善加理会。必如此，乃可不生误解。

之教命），其微言往往而在。”又说：“先生疏河导源，于文成之学固多所发明也。”[①]

① 见《明儒学案》卷十二《龙溪学案》。

第八章

心即理的义蕴与境界

第一节

心即理（良知即天理）的义蕴

“心即理”与“性即理”是“朱陆异同”最中心的焦点。[①]朱子由于对孟子的本心缺乏相应的了解，未能正视本心的道德创生义，故认为心是气之精爽，是气之灵。[②]心能知觉、有动静，而所以知觉动静之理则是性。心不是性，亦不是理，而属于气，故只言“性即理”而不言“心即理”。结果是心性二分，心与理亦析而为

---

① 朱陆异同约而言之，可有三端：博与约，易简与支离，尊德性与道问学。而此三端又实即一“心即理”与“性即理”之问题。

②《朱子语类》卷五有云：“心者，气之精爽。”又云：“能觉者，气之灵也。”按：“气之精爽”一语本于《左传》。《昭公七年》载郑子产之言曰：“用物精多则魂魄强，是以有精爽至于神明。”《疏》云：“精亦神也，爽亦明也。精是神之未著，爽是明之未昭，言权势重，用物多，养此精爽至于神明也。”《左传》乃言人生前死后之事，朱子则系就此二字以言心。精者粗之反，爽者昧之反，气之粗者昧者聚而成物形，而气之精者爽者则显为心之灵明之用。朱子以“心”属于气，而为气之灵。心之灵明知觉与发用流行，即是心气之灵之气化不息。故气之精灵明爽简言之，即是气之灵也。

二。象山则直承孟子而言本心，心即是性；性是理，心亦是理。既言“心即理”，而“性即理”自然含摄在内。①象山云：

> 天之所以与我者，即此心也。人皆有是心，心皆具是理，心即理也。（《与李宰书》）
>
> 今之学者只用心于枝叶，不求实处。孟子云：尽其心，知其性，知其性则知天矣。心只是一个，某之心，吾友之心，上而千百载圣贤之心，下而千百载复有圣贤，其心亦只如此。心之体甚大，若能尽我之心，便与天同。为学只是理会心。（《语录》）

象山所谓“心即理”的心是通宇宙人生而为一的，上下千古、东西南北之人皆同此心、同此理。这“心同理同”的心是超越时空之限隔的、绝对的普遍的心，故曰“心之体甚大”。盖本心“含万德，生万化”，若能“尽我之心，便与天同”。心与天同，即是心

① 按：陆、王言“心即理”，同时亦言“性即理”，唯其言“性即理”与朱子之言“性即理”（性只是理）意旨并不尽同。兹以二图简示如下：

陆、王：

性 ⫽ 1. 心性不二，心理不二，性理亦不二。
‖ 理 2. 心即是性，性是理，心亦是理。
心 ⫽ 3. 心、性、理三者可以画等号。

朱子：

性——理（形上） 1. 性即理，亦只是理，属形而上，超越而普遍。
≠ 2. 心不是性，亦不是理，而是气之灵，属形而下。
心——气（形下） 3. 心性二分，心与理亦析而为二。

与理一。所谓为学理会“心”，亦即是理会“理”。理由心发。满心而发，则充塞弥沦于天地之间的莫非此心，莫非此理。所以象山说：“万物森然于方寸之间，满心而发，充塞宇宙，无非斯理。”又说：“宇宙便是吾心，吾心即是宇宙。”“宇宙不曾限隔人，人自限隔宇宙耳。”[①]我的本心既与宇宙不限隔，所以“宇宙内事即己分内事，己分内事即宇宙内事”。[②]天地化育万物是宇宙内事；相应内在的道德本性而为道德实践以成己成物，使万物各得其所，各遂其生，则是人分内事。二者在内容意义上是同一的。象山又云：

> 宇宙自有实理，所贵乎学者为能明此理耳。此理苟明，自有实行，自有实事，德则实德，行则实行。（《与曾宅之书》）

象山所说的实理，亦即阳明所谓“良知之天理”。此天所与我、心所本具的理，是有根的，是真实的，故曰“实理”。实理显发为行为，即是“实行”；表现为人伦日用家国天下之事，即为“实事”；得之于己而凝为孝悌忠信等，即是“实德”。象山尝谓天下学问只有二途：一途议论；一途朴实。他自称其学为“实学”“朴学”，并且说：“千虚不博一实。吾平生学问无他，只是

① 皆见《象山语录》。

② 见《象山全集》卷三十六《年谱》十三岁下引。又见卷二十二《杂说》。

一实。”[①]由本心实理流出而为实事实行，此即陆学精神之所在。

阳明继象山而兴起，他四十九岁序《象山文集》，有云：

> 圣人之学，心学也。尧舜禹之相授受曰：人心惟危，道心惟微，惟精惟一，允执厥中。此心学之源也。孔孟之学惟务求仁，盖精一之传也。……析心与理而为二，而精一之学亡。世儒之支离，外索于刑名器数之末，以求明其所谓物理者，而不知吾心即物理，初无假于外也。佛老之空虚，遗弃其人伦事物之常，以求明其所谓吾心者，而不知物理即吾心，不可得而遗也。……象山陆氏直有以接孟子之传。……故吾尝断陆氏之学，孟氏之学也。

按：“人心惟危”四句语出《书经·大禹谟》。尧命舜只有“允执厥中”一句，舜推衍为四句以命禹，后世称为“十六字心传”。《论语》亦载：“尧曰：咨，尔舜！天之历数在尔躬，允执其中，四海困穷，天禄永终。舜亦以命禹。”[②]可见四句确有所本。“人心”与“道心”实非二心，心之本体纯粹至善便谓之道心，顺气质欲念而发便谓之人心。阳明尝言：“人心得其正者即道心，道心失其正者即人心，初非有二心也。程子谓人心即人欲，道心即天理。语若分析，而意实得之。”[③]惟精惟一，旧解为“精

---

① 见《象山语录》。

② 见《论语·尧曰》篇首章。

③ 见《传习录》上。

以察之，一以守之”。所谓察，是察识人心之危；所谓守，是存养道心之微。这是将“精”“一”分别视为察人心、守道心之功夫。而阳明则谓道心精一之谓仁，所谓中也，故云：“唯一是惟精主意，唯精是唯一功夫，非谓唯精之外复有唯一也……博学、审问、慎思、明辨、笃行者，皆所以为唯精而求唯一也。”[①]唯精唯一，允执其中。中，即是道心，即是仁，亦即是天理。后世析心与理为二，而精一之学遂亡。所谓心即理的理，即是天理。天理贯于事物，乃有事物之理。如此，则不但天理不外吾心，物理亦不外吾心。世儒外吾心以求所谓事物之理，则此理与身心之学有何相干？所以阳明说：纵格得草木万物之理明白，又如何反来诚得自家意？至于佛老之言心，大体遗弃“人伦事物之常”，贬斥仁义孝悌之理。殊不知仁义孝悌原是心之所以为心的本质，遗弃了仁义孝悌之理，心便只是一个干冷晶光的物事，那真可说是既空且虚了。阳明推尊象山，以为直承孟子而为心学之传。而“心，即理也”，所以无论世儒之“外心以求理”，或佛老之“遗理以求心”，皆是析心与理而为二，而不是圣贤相传的心学。

有人问阳明：看书不能明，如何？他答道：

> 须在心体上用功。凡明不得、行不去，须反在自心上体当即可通。盖四书五经不过说这心体，这心体即所谓道心，体明即是道明，更无二。此是为学头脑处。（《传习录》上）

---

①见《传习录》上。

四书五经讲的是圣贤学问。圣贤学问是“生命的学问”，此属内容真理。凡内容真理皆系属于一念之觉醒，皆系属于心体。离开了心体，便没有圣贤学问。故阳明直判曰：“四书五经不过说这心体。”《论语》以“仁”为主，《孟子》以“性善”为主，《中庸》以“诚”“中和”“慎独”为主，《大学》以“明明德”“诚意”为主。《诗》以“温柔敦厚”为教，《书》以“百王心法”为教，《易》以“穷神知化”为教，《春秋》以“礼义大宗”为教，《礼》以“亲亲尊尊”为教。——凡此皆是属于内容真理而不能脱离主体者，故阳明以为“不过说这心体”。人若视四书五经为文字书册，推出去而日事于训诂考订，而不能会归于心体，不能契悟其中的真理，如此岂得谓之通晓四书五经？象山云：“学苟知本，六经皆我注脚。”[①]世儒不明所以，认为这是象山的狂悖之言。其实，象山说的却是最为平实的话。他只是表示六经千言万语，不过为我的本心仁体多方印证而已。由“明心体”以明圣人之道，乃是儒家之通义。明道所谓“学者须先识仁”，象山教学者“辨义利”“先立其大”，以及阳明之“致良知”，全是为学入道的紧切之言，亦正是圣贤之学的血脉门径。

---

① 见《象山语录》。又阳明《稽山书院尊经阁记》有云：“六经非他，吾心之常道也。故《易》也者，志吾心之阴阳消息者也。《书》也者，志吾心之纪纲政事者也。《诗》也者，志吾心之歌咏性情者也。《礼》也者，志吾心之条理节文者也。《乐》也者，志吾心之欣喜和平者也。《春秋》也者，志吾心之诚伪邪正者也。”此亦象山“六经皆我注脚”之意也。

阳明以“良知”综括孟子所说的四端之心，故良知之学即是心学。良知心体在种种机缘上，自然而自发地表现为各种不同的天理[①]，以“是是而非非，善善而恶恶”，如此自能“尽了万事万变”。因为世间万事归总而言之，亦不过正其非以成其是，去其恶以成其善而已。而良知心体正是“定是非、知善恶”的准据，亦是成就事物的实现原理。阳明有云：“虚灵不昧，众理具而万事出。心外无理，心外无事。”[②]所谓虚灵不昧，即是指心而言。阳明所说的“心”是孟子的本心，亦即天心、道心；他所说的“理”是吾心应事接物之理，应事接物之理乃是道理，亦即吾心良知之天理。心为天心，理为天理，理由心发，即在心中。众理具于吾心，故曰“心外无理”。心者，万事之所由出，故曰“心外无事”。心之所发为意，意之所在为物，物即是事，心外无事亦即“心外无物”。故陆王之学实只是“一心之朗现，一心之申展，一心之遍润”。[③]

据上所述，可知“心即理”“良知即天理”并不是认识论的命题，而是形上学的命题。象山之学在由本心实理流出而为实事实行。阳明之学在致吾心良知之天理以正物成物，故曰：“致吾心良知之天理于事事物物，则事事物物皆得其理矣。致吾心之良知者致知也，事事物物皆得其理者格物也。是合心与理而为一者也。”[④]

---

① 按：如在事亲便表现为孝，在从兄便表现为悌，在处友便表现为信，孝悌信等便是所谓天理（道德法则）。

② 见《传习录》上。

③ 此三句乃牟先生语。见《心体与性体》第一册。

④ 见《传习录》中《答顾东桥书》。

事事物物皆得其理，即是事事物物皆得其正、皆得其成。一切事物皆在良知天理之润泽中而得其真实之成就。摄物以归心，心以宰物、以成物，此便是道德的创生，形上的直贯。所谓“心与理一”“心外无理”“心外无物”，皆需在这个意义上乃能得其了解，这亦就是“心即理”（良知即天理）最中心的义蕴。

第二节

良知现成、何思何虑

孟子说："人之所不学而能者，其良能也；所不虑而知者，其良知也。"阳明综括四端之心以言良知（参见上第二章第一节），这个良知当然是"天所与我""我固有之"，并且是"人皆有之"而"不异于圣人"的。阳明说：

> 知（良知）是心之本体。心自然会知：见父自然知孝，见兄自然知弟，见孺子入井自然知恻隐。此便是良知，不假外求。（《传习录》上）

这自然会知的，即是先天现成的良知。从赤子落地哑啼一声，便已彰明昭著；自此以后，它无时不存，无处不行。吾心之良知随时呈现，即将这随时呈现的良知扩充出来，贯到事物上去，使事事物物皆得其正、皆得其成。这就是致知格物。这当下现前知善知恶知是知非的良知，即是良知本体，即是真良知。所谓"良知现成，当下具足”，并不是说有现成的圣人。即使王门所谓“满街都是圣人”，亦不是说街上个个都是现成的圣人，而是说街上人人都有可以为圣人的现成的良知。但良知虽然先天现成，却有呈现不呈现；已呈现矣，又有能致不能致。致，即是使良知扩充而贯下来之谓。阳明讲致良知，便正是从这能否贯下来处以言其致。所以“良知现成”绝无可疑，问题只在如何“致”，如何“体现”这现成的良知。

要使这“人所不知而己所独知”的良知致出来，还是要靠良知本身有不容已地要涌现出来的力量。除此，别无歧绕出去的巧妙方法。静坐、闭关、致虚守寂皆可有可无，并非使良知扩充而贯下来的本质工夫。聂双江认为独知是良知的萌芽处，是已发，不是未发之寂体，知善知恶之良知亦是已发，不是良知寂体，皆算不得真良知。关于此，已略见上第五章第三节之评述。罗念庵的思路与聂双江同，他从体现工夫之艰难与无有现成之圣人，而误以当下呈现的良知本身亦不现成。故亦认为眼前呈现之良知、知善知恶之良知，乃是已发的良知，只是一可良可不良的知觉，而不是真良知，真良知必待修整而后得，而修整之道即在归寂以求未发之寂体。殊不知良知只可以隐显说，而不可以已发未发说。若说眼前良知为已发，不足恃，则将永远无有足恃者。所以王龙溪苦口对他规正，说道：“说世间无有现成良知，非万死功夫，断不能生，以此较勘世间虚见附和之辈，未必非对症之药；若必以现在良知与尧舜不同，必待功夫修整而后得，则未免矫枉之过。”又道：“乍见孺子入井怵惕，未尝有三念之杂，乃不动于欲之真心，所谓良知也。若于此而不能自信，亦几于自诬矣。”[1]龙溪所说皆甚谛当。“不动于欲”之“真心”，即是“真良知”，如何能以“可良可不良”之“知觉”视之？阳明《答陆原静第二书》明说：“性无不善，故知无不良。”（已引见上第五章第三节）念庵何忽视如此？可知他对阳明致良知教实无相应之了解。而聂双江甚至认为告子之“生之谓性”亦是“以当下为具足”，其“勿求于心，勿求于气”之论亦是“以不犯做手为妙悟”，他将告子之论与认“眼前呈现之良知为具足”者等同齐观，以为眼前呈现的良知是已发，与“生之谓性”的中性之知觉运动并无不同。[2]如此了解王学，真是太离谱了。聂、罗二人皆私淑阳明，而未尝受阳明之锻炼，所以思路想法总不相应。

要之，知善知恶的良知，人所不知而己所独知的良知，是随时随事而呈现的，这当下现前呈现的良知，即是良知本体，即是真良知。它即是未发之中，即是已发之和，是即中即和，即寂即感的。但如上所述，这不学不虑现成具足的良知要扩充而贯下来以成己成物，却须有个“必有事焉”的工夫（此义已见于第六章第四节）。但虽必有事焉，而良知心体上却着不得一分意思。若动于意或动于气，便是作好作恶（好恶皆读去声），而不是“何思何虑”[3]的天理流行。

---

① 见《王龙溪语录》卷二《松原晤语》。按：龙溪所谓“三念之杂”，乃指孟子谓人见孺子入井皆有怵惕恻隐之心，“非所以内交于孺子之父母也，非所以要誉于乡党朋友也，非恶其声而然也”三句之意而言。

② 见《王龙溪语录》卷六《致知议辩》第八辩。

③《易·系辞传》云：“子曰：天下何思何虑！天下同归而殊途，一致而百虑。天下何思何虑！”意谓心通于道，则不假思虑也。

侃[①]去花间草，因曰："天地间何善难培，恶难去？"先生曰："未培未去耳。"少间曰："此等看善恶皆从躯壳起念，便会错。"侃未达。曰："天地生意，花草一般，何曾有善恶之分？子欲观花，则以花为善，以草为恶；如欲用草时，复以草为善矣。此等善恶皆由汝心好恶所生，故知是错。"

曰："然则无善无恶乎？"曰："无善无恶者理之静，有善有恶者气之动。不动于气，则无善无恶，是谓至善。"曰："佛氏亦无善无恶，何以异？"曰："佛氏着在无善无恶上，便一切都不管，不可以治天下。圣人无善无恶，只是无有作好，无有作恶，不动于气。然遵王之道，会有其极，便自一循天理，便有个裁成辅相。"

曰："草既非恶，即草不宜去矣。"曰："如此却是佛老意见。草若有碍，何妨除去？"曰："如此又是作好作恶。"曰："不作好恶非是全无好恶，却是无知觉的人。谓之不作者，只是好恶一循于理，不去又着一分意思。如此即是不曾好恶一般。"

曰："去草如何是一循于理，不着意思？"曰："草有妨碍，理亦宜去，去之而已；偶未即去，亦不累心。若着了一分意思，即心体便有贻累，便有许多动气处。"曰："然则善恶

---

① 薛侃，字尚谦，号中离，广东揭阳人。见《明儒学案》卷三十《粤闽王门学案》。

全不在物？”曰：“只在汝心。循理便是善，动气便是恶。”曰：“毕竟物无善恶乎？”曰：“在心如此，在物亦然。世儒惟不知此，舍心逐物，将格物之学错看了，终日驰求于外，只做得个义袭而取，终身行不着、习不察。”（按：此义须随阳明致知格物义分疏，不可颟顸过去。）

曰：“如好好色，如恶恶臭，则如何？”曰：“此正是一循于理，是天理合如此，本无私意作好作恶。”曰：“如好好色，如恶恶臭，安得非意？”曰：“却是诚意，不是私意。诚意只是循天理。虽是循天理，亦着不得一分意。故有忿懥好乐，则不得其正。须是廓然大公，方是心之本体。知此，即知未发之中。”

伯生曰：“先生曰：草若有碍，理亦宜去，缘何又是躯壳起念？”曰：“此须汝心自体当，汝要去草是什么心？周茂叔窗前草不除是什么心？”（《传习录》上）

此一则为薛侃所记，兹分五点作一简要之解说：

（一）以花为善、草为恶，乃是由“心之好恶”所生的善恶，这种善恶是意气或情感用事，所以是“躯壳起念”，是“气之动”。如能循理而不动于气，则无善无恶，是谓至善。

（二）何以“无善无恶”是谓“至善”？此需了解阳明说“无善无恶”的实义：甲、善与恶是对待性概念，在理（天理）上则不能说善恶。良知是天理，故吾人只能顺良知天理做去，此处着不得一分意思，意念一起即有善恶之分，所以说“无善无恶理之静，有善有恶气之动”。气之动犹言意之动。“气之动”与“动于气”不同，气之动有善有恶，而动于气则无论善念恶念一齐皆坏。盖人在好善恶恶上常不免又着一分意思，再转一个念头，这便不纯了。即使是善的念头，亦非真善，因它有了私欲夹杂之故。乙、说“无善无恶”，不是说良知天理有不善，或性有不善，亦不是说性或良知天理无所谓善与不善，其实意只是说，在良知天理这里不能说善说恶，着不得善恶的念头。故《传习录》下云：“心体上着不得一念留滞，就如眼着不得些子尘沙，些子能有几多？满眼便昏天黑地了。”又云：“这一念不但是私念，便好的念头也着不得些子。如眼里放些金玉屑，眼亦开不得了。”可见阳明所谓无善无恶，只是遮拨在良知好恶上那个动于意或动于气的多转了一下的念头，而不是遮拨良知本性之为善。故曰“不动于气，即无善无恶，是谓至善”。

（三）佛氏无善无恶，是顺着他的路数而得一个清净至极，便一切都不管。圣人无善无恶，则是《尚书·洪范》篇所谓“无有作好（去声），遵王之道；无有作恶（去声），遵王之路”。这是好恶不动于气而一循于理。故草若有碍，除去便是，一时未除，亦不累心。

（四）善恶不在外物而在我心——好恶一循于理便是善，不循理而动气便是恶。而好善“如好好色”，恶恶“如恶恶臭”，则是天理合当如此，而不是动气或私意。所以阳明说这是“诚意”，而“诚意只是循天理”。循天理只是“率性”，只是依良知之真是非而行，这是“何思何虑”，并未着一分意思。

（五）同是“去草”，循理而为，便是“良知”之自然，便是何思何虑；动气而为，则是从躯壳起念，便是作好作恶。同是“草”，除去是因草有碍，依理当去；不除是浑然与天地万物为一体，是就碧绿之草常观万物生意（程子尝谓周茂叔窗前草不除，问之，曰：与自家意思一般）。

既是“何思何虑”，所以不须“前知”。

或问至诚前知。先生曰：“诚是实理，只是一个良知。实理之妙用流行即是神，其萌动处即是几。诚神几，曰圣人。圣人不贵前知。祸福之来，虽圣人有所不免。圣人只是知几，遇变即通耳。良知无前后，只知得现在的几，便一了百了。若有个前知的心，就是私心，就有趋避利害的意。邵子必于前知，终是利害心未尽处。”（《传习录》下）

按：《中庸》云：“至诚之道，可以前知。”《中庸》之意重在说“至诚”，而此处问者之意则重在说“前知”，故阳明告以“圣人不贵前知”。[①]“诚、神、几，曰圣人”，见周濂溪《通书》第四章。圣人至诚知几，几是动之微，就此萌动处知得是非、

---

① 按：《传习录》中阳明《答欧阳崇一》尝谓：不欺则良知无所伪而诚，诚则明矣；自信则良知无所惑而明，明则诚矣。明诚相生，是故良知常觉常照，如明镜之悬，而物之来者自不能遁其妍媸。又谓：《中庸》言“至诚如神，可以前知”，盖推言思诚者之功效，为不能先觉者而说也。若就至诚而言，则至诚之妙用即谓之“神”，不必言“如神”，至诚则“无知无不知”，不必言“可以前知”矣。

善恶、诚伪、邪正……便自然“遇变即通”“一了百了”。此良知天理之呈露流行，即是《中庸》所谓“不勉而中，不思而得”以及《易传》所谓“何思何虑”的境界。到此境界，心地莹澈，一循于理，不希求，不怨慕，无适莫，无将迎，亦无意必固我，只是一个精诚不息，直道而行。这“直道而行”的工夫，亦即程明道所谓“廓然而大公，物来而顺应”。若有一个欲“前知”的心，便不是“直”而是“曲”，不是“公”而是“私”，不是“由仁义行”而是“趋利避害”。邵子（名雍，字尧夫，谥曰康节）精研图书先天象数之学，以为能前知，此则不免推算测度，已是“着了一分意思”，所以阳明以为“终是利害心有未尽处”。直道工夫，本无奇特，良知明觉，随感而应，故自能发而中节，自能尽了万事万变。①

但又需知：“何思何虑”并非“无思无虑”，所以阳明说：

> 《系》言何思何虑是言所思所虑只是天理，更无别思别虑耳，非谓无思无虑也。心之本体即是天理，有何于思虑得！学者用功，虽千思万虑，只是要复他本体，不是以私意去安排思索出来若安排思索，便是自私用智矣。

① 按：《传习录》上载：问圣人应变不穷，莫亦是预先讲求否？先生曰：“如何讲求得许多？圣人之心如明镜，只是一个明，则随感而应，无物不照；未有已往之形尚在，而未照之形先具者。若后世所讲，却是如此，是以与圣人之学大背。周公制礼作乐以文天下，皆圣人所能为，尧舜何不尽为之而待于周公？孔子删述六经以诏万世，亦圣人所能为，周公何不先为之而待于孔子？是知圣人遇此时方为此事。只怕镜不明，不怕来不能照。讲求事变亦是照时事，然学者却须先有个明的工夫（按：即逆觉工夫）。学者唯患此心之未能明，不患事变之不能尽。”

思曰睿，睿作圣。心之官则思，思则得之。[①]思其可少乎？沉空守寂与安排思索正是自私用智，其为丧失良知一也。良知是天理之昭明灵觉处，故良知即是天理，思是良知之发用。若是良知发用之思，则所思莫非天理矣。（《传习录》中《答欧阳崇一》）

据此可知，何思何虑并非沉空守寂之无思无虑，只是“不可着一分意思”，不可自私用智之意。致良知工夫到达纯熟之境，无一毫私意留滞，将自家生命从隐曲中翻出来，一切如如平常，随时光明自在，便是何思何虑境界。前章所举龙溪“四无”之说，亦是宋儒所谓天理流行，已达何思何虑境地。若将此义关联到实际生活上，则可举王龙溪批评唐顺之一段话以为例证：

荆川唐子开府维扬，邀先生往会。时已有病，遇春汛，日坐治堂，命将遣师，为防海之计。一日退食，笑谓先生曰：“公看我与老师之学有相契否？”先生曰：“子之力量固自不同，若说良知，还未致得在。”荆川曰：“我平生佩服阳明之教，满口所说，满纸所写，那些不是良知？公岂欺我耶？”先生笑曰：“难道不是良知？只未致得真良知，未免掺和。”荆川愤然不服云：“试举看。”

---

① 按：“思作睿，睿作圣”，语出《尚书·洪范》篇。“心之官则思，思则得之”，语出《孟子·告子》篇。

先生曰："适在堂遣将时，诸将校有所禀呈，辞意未尽，即与拦截，发挥自己方略，令其依从。此是掺入意见，心便不虚，非真良知也。将官将地方事体请问某处该如何设备，某事却如何追摄，便引证古人做过勾当，某处如此处，某事如此处，自家一点圆明反觉凝滞。此是搀入典要，机便不神，非真良知也。及至议论不合，定着眼睛沉思一回，又与说起。此等处认作沉几研虑，不知此已搀入拟议安排，非真良知也。有时奋掉鼓激，厉声抗言，使若无所容。自以为威严不可犯，不知此是搀入气魄，非真良知也。有时发人隐过，有时扬人隐行，有时行不测之赏，加非法之罚。自以为得好恶之正，不知自己灵根已为摇动，不免有所作，非真良知也。他如制木城，造铜面，畜猎犬，不论势之所便，地之所宜，一一令其如法措置。此是搀入格套，非真良知也。尝曰：我一一经营，已得胜算，猛将如云，不如着一病都堂在阵。此是搀入能所，非真良知也。若是真致良知，只宜虚心应物，使人各得尽其情，能刚能柔，触机而应，迎刃而解，更无些子搀入，譬如明镜当台，妍媸自辨，方是经纶手段。搀有些子才智伎俩，与之相形，自己光明，反为所蔽。口中说得十分明白，纸上写得十分详尽，只成播弄精魂，非真实受用也。"

荆川怃然曰："吾过矣。友道以直谅为益，非虚言也。"（《王龙溪语录》卷一《维扬晤语》）

龙溪这一段话真是精熟圆透。牟先生《王阳明致良知教》书中曾有评述云：看此段话，便可于致良知工夫得一实际用心之例证。若真是良知呈露流行，便自无“意见、典要、拟议安排、气魄、有所作、格套、能所”诸病。凡此等病皆非良知天理，而又皆足以阻隔良知天理，我见、我慢、好名、好胜、好权皆藏其中。阳明所谓“不着一分意思”，是就病之极隐细、极深微处说。放大而例证之，便是意见、典要、气魄、能所诸病。粗之，便是好名、好胜、好权、我见、我慢。再粗之，便是声色货利。凡此皆足以障蔽良知。对此等等病，若欲一一拔除之，试想其工夫须如何之严且密。对此无休止之工夫过程，且不说难易，说难使人沮，说易使人忽，唯当精诚不息耳。

第三节

终日乾乾、对越在天

格物者，《大学》之实下手处。彻首彻尾，自始学至圣人，只此工夫而已，非但入门之际有此一段也。夫正心诚意，致知格物，皆所以修身而格物者，其所用力日可见之地。故格物者，格其心之物也，格其意之物也，格其知之物也。正心者，正其物之心也。诚意者，诚其物之意也。致知者，致其物之知也。此岂有内外彼此之分哉？

理一而已，以其理之凝聚而言则谓之性，以其凝聚之主宰而言则谓之心，以其主宰之发动而言则谓之意，以其发动之明觉而言则谓之知，以其明觉之感应而言则谓之物。故就物而言谓之格，就知而言谓之致，就意而言谓之诚，就心而言谓之正。正者正此也，诚者诚此也，致者致此也，格者格此也，皆所谓穷理以尽性也。天下无性外之理，无性外之物。（《传习录》中《答罗整庵少宰书》）

心之所在是心之物，意之所在是意之物，知之所在是知之物；物即是事，格物即是正此“心、意、知”之所在的事。所以说“格物者，格其心之物也，格其意之物也，格其知之物也”。心、意、知必落实在事上，落实在事上的“心、意、知”即是物之心、物之意、物之知。所以说“正心者，正其物之心也。诚意者，诚其物之意也。致知者，致其物之知也”。如此则正心、诚意、致知、格物皆是修身工夫，并无内外彼此之别。

“理一而已”的理与正此、诚此、致此之“此”同，是从本原处指目一个东西而泛言之；这个本原处的东西即是本心。本心不能空讲，就其具体而真切处而指点之即是良知，所以良知乃是指点本心之灵窍。一说良知，当下便见本心之实落处。而心、性、意、知、物亦是一事，一实落而见心、性、意、知、物之为一，便显出本体之具体而内在。中国圣哲证会本体从来不是隔离地言之，而是如其至真至实之具体处而言之。圣贤学问本是相应道德本性而为道德实践，故圣贤学问与圣贤工夫实为一事。工夫所至即是本体，从工夫见本体，依本体起工夫，故本体从未离越。而致良知正是顺承良知天理而起云为、而兴大用，所以无一刹那可离本体，而本体亦无一刻而不呈现于具体事象之中，故本体必具体而内在。在西方，则本体隔离，超越在上，吾身罪恶，坎陷在下，上下两不相融，故超越义特别显著。所谓“回头是父”亦只是见到一可仰祈、可挂搭、可赐我恩宠以拯救我之上帝，并非儒者之一念觉悟，便同本得。儒者觉悟之心乃是本心，所以本体不离越。

在不离越之下，如何又能讲超越义？曰：超越不超越并不在于本体之离不离，超越只在意义上说，不在隔离上说。陷溺之罪恶与觉悟之本心总有对照，而对照不必相隔。西哲将此对照弄成本体与人相隔，而儒圣则虽有对照，本体与人却不相隔。超越是在此对照上说，不在隔离上说。程明道云："终日乾乾，君子当终日对越在天也。"[①]"终日乾乾"，语出《易·乾·爻辞》。"对越在天"，语出《诗经·周颂·清庙》之诗。乾乾，惕厉之象。对越在天，犹言对越上帝（唯上帝并非限于任何宗教内容所说之上帝）。而对越有二义：

（一）原始之超越地对。凡《诗》《书》言天、帝，皆有人格神之意味，皆是超越地对。

（二）经过孔子之仁与孟子之心性而内在地对。此时，人格神转为道德的形上的实体义，超越的天、帝与内在的心性打成一片，面对"既超越而又内在"之道德实体而承当下来，以清澈光畅吾人之生命，便是内在地对。此是进德修业之深邃化与内在化，《大学》《中庸》之"慎独"即由此而成立。

人在道德实践之过程中总不免有昏堕陷溺，当陷溺之时即是罪恶之时，亦即所谓"落于鬼窟"。从鬼窟中觉醒便是从陷溺中超拔跃起，觉悟之本心超越于罪恶之上，如此本心性体即显示其超越义。词家所谓"蓦然回首，那人却在灯火阑珊处"，这正可表示从陷溺中觉醒时的惊喜。在此惊喜之际，只是一念之真。真性呈露，对照泯消，此时足见你自己超越之本领，而不见本体之超越

---

① 见《二程遗书》卷一。

义。但你在此处所显出的超越之本领，实际上即是本体呈现而超越罪恶。是以当既得之后，小心奉持，不敢逾越，便是敬畏之象。《中庸》所谓“戒慎乎其所不睹，恐惧乎其所不闻”，即是敬畏。“终日乾乾”“对越在天”亦是敬畏。敬畏是保任勿失义，尊敬天命义。——当此之时，本体之超越义便显出来。所以超越必在保任戒惧时显。保任戒惧总在不睹不闻之时，而不睹不闻即是所谓静时，静时即安静肃穆之时。此时，吾心内敛而不外用（外用是动之时），即所谓回向是也。在回向内敛之时，便是天理鉴临在上，瞻之在前，忽焉在后，上下左右，无不是道，真是“莫见乎隐，莫显乎微”。此便是“人所不知而己所独知”的慎独之时，而慎独之时亦正是本体超越之时。所以超越又在安静回向时见。回向即返本，人在返本时方有敬仰之意，而“本”即是“所敬仰”。面对所敬仰则超越义便显出来。“动时本体内在，静时本体超越。”所以超越不超越乃是“时”也，而本体自身则无所谓超越不超越。[①]以是超越义实系于三时而见：

（一）由与罪恶对照时而见。

（二）由保任戒惧之时而见。

（三）由安静回向之时而见。

如此而言之超越义，与其他义（如内在义、具体义）并不相碍。动时本体内在，天理流行，只是一个良知明觉之感应，只是一

① 按：在西方，则本体因隔离而亦超越。唯依隔离而言超越，则超越义有虚幻。总因在其宗教精神之自我超升中，并无心性之学以实之，故不免形成人与上帝之间的虚脱。

个“何思何虑”；静时本体超越，性体渊穆，便是乾乾惕厉，“对越在天”。而良知本体即寂即感，实无分于动静。故“何思何虑”与“对越在天”，遂亦得其融释而不见相碍。

以是在儒圣之学中，本体既超越亦内在，既内在亦超越，是“即超越即内在，即内在即超越”的。[①]冯友兰说儒家只有道德境界而无天地境界，乃表示他对儒家即超越即内在、即内在即超越的性命天道相贯通之基本义根本无所契知。在儒家，实是道德境界、天地境界、艺术境界通而为一。此义自孔孟下及宋明儒，皆随处指点，随时流露，不知此则无从了解儒家之学。此所以冯氏之书凡说到儒家，皆不免是外在的隔靴搔痒的不切之谈。阳明之学从具体而真实之良知指点本心，而本心即是天理所在，即是道体所在。故心曰天心，理曰天理，道亦为天道。而其形上学亦由此而透出。但却不是先概念地解析出，而是由良知这一中心点而扩充出，亦即由良知之感应而建立人物之同体。故阳明有诗云：“无声无臭独知时，此是乾坤万有基。”到人的知能因明觉之感应而成为乾坤之知能，则道德的形上学遂得以成立。

问：“人心与物同体，如吾身原是血气流通的，所以谓之同体。若于人便异体了，禽兽草木益远矣，而何谓之同体？”先生曰：“你只在感应之几上看，岂但禽兽草木，虽天地也与

---

① 以上所述超越义与内在义，其义理根据本于牟先生《王阳明致良知教》与《心体与性体》二书。

我同体的，鬼神也与我同体的。”

请问。先生曰：“你看这个天地中间，什么是天地的心？”对曰：“尝闻人是天地的心。”又曰：“人又什么教做心？”对曰：“只是一个灵明。”曰：“可知充天塞地中间只有这个灵明，人只为形体自间隔了。我的灵明便是天地鬼神的主宰，天没有我的灵明，谁去仰他高？地没有我的灵明，谁去俯他深？鬼神没有我的灵明，谁去辨他吉凶灾祥？天地鬼神万物离却我的灵明，便没有天地鬼神万物了。我的灵明离却了天地鬼神万物，亦没有我的灵明。如此便是一气流通的，如何与他间隔得？”

又问：“天地鬼神万物千古见在，何没了我的灵明，便俱无了？”曰：“今看死的人，他这些精灵游散了，他的天地万物尚在何处？”（《传习录》下）

人心与物同体，即人与天地万物为一体之意。天地间的个体虽然万万不同，但灵明只有一个。不能说我有一个灵明，天地万物又别有一个灵明。但从感应之几上说，感应之焦点还是我的良知之灵明，故阳明此处说为“我的灵明”。万万不同的个体，无不为这个灵明所润泽、所贯彻。这个灵明即是吾心之良知。故曰“天地鬼神万物离却我的灵明，便没有天地鬼神万物了”。可见天地万物必须在此灵明之贯彻中，乃能得其呈现，以成其为天地万物。反之，良知灵明之感应，亦需凭借天地万物而后乃能得其真实而具体之显现。故又曰“我的灵明离却了天地鬼神万物，亦没有我的灵明”。

天之为高，地之为深，鬼神之为吉凶灾祥，是天地鬼神如此这般之呈现；去仰他、俯他、辨他如此这般呈现，则是我的良知明觉之感应。良知感应与天地万物之呈现是同在一个灵明中表现的，如果没有了我的灵明，则吾心良知之感应与天地万物之呈现便同归于泯。所以人死之后，亦便没有他的天地万物了。到了透露宇宙本体而言“乾坤知能”，而言“人心与物同体”，而言“充天塞地中间只有这个灵明”，便已涉及道德形上学的成立问题。[①]关于此，阳明并未架构思辨地积极地建立之，而只是就感应之几上略予指点。此外，尚有二段如下：

> 朱本思[②]问：“人有虚灵方有良知，若草木瓦石之类，亦有良知否？”先生曰：“人的良知就是草木瓦石的良知，若草木瓦石无人的良知，不可以为草木瓦石矣。岂惟草木瓦石为然，天地无人的良知，亦不可为天地矣。盖天地万物与人原是一体，其发窍之最精处是人心一点灵明。风雨露雷、日月星辰、禽兽草木、山川土石与人原只一体，故五谷禽兽之类皆可以养人，药石之类皆可以疗疾，只为同此一气，故能相通耳。”（《传习录》下）
>
> 先生游南镇，一友指岩中花树，问曰：“天下无心外之物，如此花树在深山中自开自落，于我心亦何相关？”先生

① 关于儒家道德形上学之建立与完成，牟先生《心体与性体》与《智的直觉与中国哲学》二书有积极之讨论，请参看。

② 朱得之，字本思，号近斋，属南中王门，见《明儒学案》卷二十五。

曰："你未看此花时，此花与汝心同归于寂，你来看此花时，则此花颜色一时明白起来，便知此花不在你的心外。"（《传习录》下）

此二则与上一则皆从感应之几上说，而并非严格之思辨。中国圣哲讲学本不从思辨入，而是从践履工夫入。工夫必归于具体，阳明即是由最具体之良知感应而建立人物之同体。说到此处，良知只是一个灵明，一个生机，一个实现原理。所谓"花树不在心外"，亦是随机之指点，是表示我与花树俱在一灵明之感应中同时呈现。感则俱感，寂则俱寂。

第九章 阳明的亲民哲学及其事功

第一节

与万物为一体

“万物一体”乃是儒家之本义、通义。孔子言“仁”，仁以感通为性，仁心之感通觉润是无有限极的，所以仁必然是万物一体之仁。孟子言“万物皆备于我”“上下与天地同流”，[①]亦是就本心仁体之无外无隔而说。下及宋儒，尤能随时随处发挥此义，张横渠之《西铭》与程明道之《识仁篇》即是最具有代表性的文献。上章末已说到阳明所谓“人心与物同体”之义，兹进而顺“人与天地万物为一体，视天下犹一家，中国犹一人”之意再作申述。

阳明《大学问》[②]首段云：

大人者，与天地万物为一体者也。其视天下犹一家，中国犹一人焉。若夫间形骸而分尔我者，小人矣。大人之能与天地

① 见《孟子·尽心上》篇。

②《大学问》，又称《大学或问》，乃阳明晚年之大文字，甚重要。

万物为一体也，非意之也，其心之仁本若是。其与天地万物而为一也岂惟大人，虽小人之心亦莫不然，彼顾自小之耳。是故见孺子之入井而必有怵惕恻隐之心焉，是其仁之与孺子而为一体也。孺子犹同类者也，见鸟兽之哀鸣觳觫而必有不忍之心焉，是其仁之与鸟兽而为一体也。鸟兽犹有知觉者也，见草木之摧折而必有悯恤之心焉，是其仁之与草木而为一体也。草木犹有生意者也，见瓦石之毁坏而必有顾惜之心焉，是其仁之与瓦石而为一体也。是其一体之仁也，虽小人之心亦必有之，是乃根于天命之性而自然灵昭不昧者也，是故谓之明德。小人之心既已分隔隘陋矣，而其一体之仁犹能不昧若此者，是其未动于欲、未蔽于私之时也。及其动于欲、蔽于私，而利害相攻，忿怒相激，则将戕物圮类，无所不为，其甚至有骨肉相残者，而一体之仁亡矣。是故苟无私欲之蔽，则虽小人之心，而其一体之仁犹大人也；一有私欲之蔽，则虽大人之心，而其分隔隘陋犹小人矣。故夫为大人之学者，亦惟去其私欲之蔽以自明其明德，复其天地万物一体之本然而已耳，非能于本体之外而有所增益也。

按：《大学》开宗明义云：“大学之道，在明明德，在亲民，在止于至善。”阳明上面这段话便是就人之本有的“明德”，以点出人皆有一体之仁。大人即是仁者，仁者与物无对，故无间于形骸之私，无分于物我内外，视中国犹如一人，天下犹如一家。而且大人之以天地万物为一体，并不只是一种主观的想望，而是仁心本身

"感通无隔、觉润无方"之不容已，故曰"大人之能与天地万物为一体也，非意之也，其心之仁本若是"。大人仁心呈现，故有"民胞物与"之怀；小人间于形骸、强分尔我而自小自限，所以不表现大人心量。其实人皆有仁心，虽然有时不呈现，但当一特殊之情境（如孺子将入于井）来临时，则其怵惕恻隐之心必然当下流露呈现，所以小人之仁实无异于大人，亦自然与孺子而为一体。人不仅对同类之孺子有恻隐之心，对鸟兽亦同样有不忍之心，即使对草木瓦石亦仍然有悯恤顾惜之心。由此可知，人心之仁实亦与鸟兽草木瓦石而为一体。小人虽因"间于形骸、强分尔我"而仁心一时隐泯不露，但只要不顺欲念而动，不为私意所蔽，则其一体之仁仍能灵昭不昧。最可叹的是人之视听言行唯是顺其欲念而动，而灵昭不昧之仁遂为私意所蔽。于是利害相攻于内，愤怒相激于外，如此则将戕害万物，倾陷同类，至乎其极且不免骨肉相残，而其先天本有的仁心亦将丧亡殆尽。大人与小人之分即在于能否呈现其与天地万物为一体之仁心，而仁心能否呈现又在于他是否能超脱利欲私意之蒙蔽。所以从事"大人之学"的进路，首先在于去私欲之蔽，以复其本有之明德。而所谓明德，实即天命之性、本心之仁。大人"明明德"的工夫，亦不过恢复与天地万物为一体的本然之仁心善性，使它作为我的生命之主宰而已。[1]

人既与天地万物为一体，自应一视同仁，何以又有厚薄之分？

---

① 按：《传习录》中载阳明《答顾东桥书》之后段（所谓拔本塞源之论），亦畅发"与天地万物为一体"之旨。宜参看。

《传习录》下有一则记载就曾讨论到这个问题。

> 问："大人与物同体，如何《大学》又说个厚薄？"①
>
> 先生曰："唯是道理自有厚薄。比如身是一体，把手足捍头目，岂是偏要薄手足？其道理合如此。禽兽与草木同是爱的，把草木去养禽兽，心又忍得。人与禽兽同是爱的，宰禽兽以养亲与供祭祀、燕宾客，心又忍得。至亲与路人同是爱的，如箪食豆羹得则生，不得则死，不能两全，宁救至亲，不救路人，心又忍得。这是道理合当如此。及至吾身与至亲，更不能分别彼此厚薄。盖以仁民爱物皆从此出，此处可忍，更无所不忍矣。《大学》所谓厚薄是良知上自然的条理，不可逾越，此便谓之义，顺这个条理便谓之礼，知此条理便谓之智，终始是这个条理便谓之信。"

这一则是从良知自然之条理以说明"爱有差等"之义。良知自然之条理是当然之理，是先天定然如此的，所以名之曰"天理"。《大学》说个厚薄并非起于"私意"，而是本乎天理之自然，所以阳明说"唯是道理自有厚薄"。孟子尝言："亲亲而仁民，仁民而爱物。"②这就是良知自然之条理，是天理合当如此。先亲亲，然后仁民，然后爱物，这是"厚薄"自然之序；虽先亲亲，而却不碍

---

①《大学》首章有云："其所厚者薄而其所薄者厚，未之有也。"问者盖以同体则不应分厚薄，分厚薄则不得云同体，故举以为问。

②见《孟子·尽心上》篇。

仁民，不碍爱物，则是仁心通于万物的“同体”之义。阳明一方面说明“同体”与“厚薄”之不相碍，同时亦特别指出“吾身”与“至亲”之间，则绝对不能再分彼此，再分厚薄。因为“亲亲，仁也”，若与至亲犹分彼此厚薄，便是“不仁”。良知之仁一旦泯丧，义、礼、智、信亦便失其本根而一同消亡。杨氏“为我”，是只知厚薄之分而不明同体之义；墨氏“兼爱”，是只知同体之意而不明厚薄之理。二者皆违背良知自然之条理而各趋一端，所以引起孟子严厉的批评。①

①《孟子·滕文公下》：“杨氏为我是无君也，墨氏兼爱是无父也，无父无君是禽兽也。”“君”以保民亲民为职，自应“视天下为一家，中国为一人”。“无君”则是分厚薄而泯同体之义。“父”乃我之亲也，亲亲而后仁民爱物，此乃天理自然之序。故儒家只言不独亲其亲，只言老吾老以及人之老。若倡“兼爱”而强欲“视人之父犹己父”，其极必至于视己之父如路人，此便是“无父”。无父则彰同体而泯厚薄，而本末先后之序（天理之节文）丧矣。墨者夷之，虽欲守其“爱无差等”之义，而又主张“施由亲始”。（见《滕文公上》）可见墨家兼爱之义实有不可克服之矛盾。孟子之辟杨墨非偶然也。

第二节

明明德以亲民

《大学问》次段云：

曰："然则何以在亲民乎？"曰："明明德者，立其天地万物一体之体也；亲民者，达其天地万物一体之用也。故明明德必在于亲民，而亲民乃所以明其明德也。是故亲吾之父，以及人之父，以及天下人之父，而后吾心之仁与吾之父、人之父，与天下人之父而为一体矣，实与之为一体，而后孝之明德始明矣。亲吾之兄，以及人之兄，以及天下人之兄，而后吾心之仁与吾之兄、人之兄，与天下人之兄而为一体矣，实与之为一体，而后弟之明德始明矣。君臣也，夫妇也，朋友也，以至于山川鬼神禽兽草木也，莫不实有以亲之，以达吾一体之仁，然后吾之明德始无不明，而真能以天地万物为一体矣夫！是之谓明明德于天下，是之谓家齐国治而天下平，是之谓尽性。"

大人与天地万物为一体，“明德”既明，而后一体之仁始能透体呈现，所以说“明明德”者“立”其天地万物一体之“体”也。能亲其民，而后一体之仁始能由内施于外，由此达于彼，所以说“亲民”者“达”其天地万物一体之“用”也。凡欲明其明德，必先亲民，然后乃能及于物，故阳明以为“明明德必在于亲民”。能亲民，即是一体之仁的真实表现，而表现一体之仁亦就是明其明德，故阳明又以为“亲民乃所以明其明德也”。吾心一体之仁表现于亲吾之亲，表现于亲吾之兄（敬兄），是谓孝之明德，弟之明德。人不独亲其亲，不独亲其兄，亦当亲人之亲、亲人之兄，以及于天下人之亲、天下人之兄，如此吾心一体之仁乃能无所憾，而孝之明德与悌之明德亦才能充量之极地明于天下。其他如君臣、夫妇、朋友，以至于山川鬼神、鸟兽草木，亦皆各尽其亲之、敬之、保之、育之……之道，然后吾之明德始能不偏于一事一物，不限于一方一隅，而充尽无漏地明于天下。到达此境，才是“与天地万物为一体”之真实化。

真能与天地万物为一体，即是“明明德于天下”，即是“家齐国治而天下平”，如此亦就是“尽我之性”了。因为吾之明德即是吾心一体之仁。吾心之仁实即天命之性，必须家齐国治天下平，然后吾心一体之仁才能真无余憾，换言之，必须明明德于天下，然后才能使我之“性”获得充尽圆满之实现，所以说“是之谓尽性”。尽性即是尽心，尽心即是尽仁，尽仁即是明明德。而明明德又必落实于“亲民”，乃能得其真实之表现。因此阳明认为“政在亲民”。

他五十四岁作《亲民堂记》[1]有云：

> 政在亲民。曰：亲民何以乎？曰：在明明德。曰：明明德何以乎？曰：在亲民。曰：明明德、亲民一乎？曰：一也。……人者，天地之心也。民者，对己之称也。……是故亲吾之父以及人之父，而天下之父莫不亲矣；亲吾之兄以及人之兄，而天下之兄莫不亲矣。……是之谓明明德于天下，是之谓家齐国治而天下平。
>
> 昔之人固有欲明其明德者矣，然或失之虚罔空寂而无有乎家国天下之施者，是不知明明德之在于亲民而二氏之流是矣。固有欲亲其民者矣，然或失之智谋权术而无有乎仁爱恻怛之诚者，是不知亲民之所以明其明德而五伯功利之徒是矣。是皆不知止于至善之过也。

《书》云"民为邦本"，离开人民，何来政治教化？佛老二氏欲明其明德而不知亲民，霸者功利之徒欲亲民（实际是利用人民）而又不知明其明德（无仁爱恻怛之诚），此皆不知止于至善之过。

---

① 据《阳明年谱》，五十四岁在越，越郡太守南大吉（字符善，号瑞泉，陕之渭南人，师事阳明，属北方王门，见《明儒学案》卷二十九）匾莅政之堂曰"亲民堂"，请阳明为作记云。

不知“止于至善”[1]，即是不知明明德以亲民，亦即不能充尽吾心一体之仁，以成己成物安定民生之谓。儒家言“道”不离人伦民物，可知圣人之道实即百姓之道，所以阳明说：“与愚夫愚妇同的，是谓同德；与愚夫愚妇异的，是谓异端。”[2]因此，凡为政者皆应以亲民为职。“说亲民便是兼有教养意，说新民便觉偏了。”[3]所以阳明不赞同朱子改《大学》之“亲民”为“新民”。[4]阳明的意思当然不是为《大学》争这一个字，而是要借此发挥他“安民、保民、教民、养民”的亲民哲学。他在《答顾东桥书》中说道：“圣人之心以天下万物为一体，其视天下之人无外内远近，凡有血气皆有昆弟赤子之亲，莫不欲安全而教养之，以遂其万物一体之念。”既然视天下之人皆如昆弟赤子之亲而欲安全而保养之，所以百姓的困苦荼毒即是我自己的困苦荼毒，唯有解除天下百姓的困苦，才能使我的良知获得快适与满足。故阳明《答聂文蔚书》有云：

---

① 按：《大学》言“止于至善”，朱注解至善为“事理当然之极”，乃意指一“至善之地”，亦即事物之定理也，此不免有外在之嫌。阳明《大学问》则云：“至善者，明德亲民之极则也。天命之性，粹然至善，其灵昭不昧者，此其至善之发见，是乃明德之本体而即所谓良知也。”是以至善即在吾心，亦即吾心一体之仁也。

② 见《传习录》下。

③ 见《传习录》上。按：此所谓偏，是指朱子《大学章句》改“亲民”为“新民”，乃偏于“教”而言。

④ 按：朱子改《大学》之“在亲民”为“在新民”究有当否，应以《大学》原文之义为据，此需别论。笔者前有《大学分章之研究》一文，刊于《孔孟学报》第九期，请参看。

良知之在人心无间于圣愚，天下古今之所同也。世之君子惟务致其良知，则自能公是非，同好恶，视人犹己，视国犹家……视民之饥溺犹己之饥溺，而一夫之不获若己推而纳诸沟中者，非故为是而以蕲天下之信己也，务致其良知求自慊而已矣。（《传习录》中）

阳明这里所说的“视人犹己，视国犹家……视民之饥溺犹己之饥溺”，即是孟子所谓“不忍人之心”。见人之陷于困苦饥溺，则有所不忍，有所不安，而觉我心之仁有所未尽。尽其心而后可以安民保民，所以亲民哲学之实践，亦不过“求尽其心”而已。故阳明又云：

吾之父子亲矣，而天下有未亲者焉，吾心未尽也。吾之君臣义矣，而天下有未义者焉，吾心未尽也。吾之夫妇别矣、长幼序矣、朋友信矣，而天下有未别未序未信者焉，吾心未尽也。吾之一家饱暖逸乐矣，而天下有未饱暖逸乐者焉，其能以亲乎、义乎、别序信乎？吾心未尽也。故于是有纪纲政事之设焉，有礼乐教化之施焉。凡以裁成辅相，成己成物，而求尽吾心焉耳。（《重修山阴县学记》）

总之，尽吾心一体之仁以亲民，这是任何形态的纪纲政事与礼乐教化所不可或违的首要原则，亦是一切为政者（处理公共事务者）所必须念念在心而绝对遵守的最高信条，否则便是“愚民”“虐民”而“与民为敌”。而贾谊早已指出：自古以来，凡与民为敌者，民必胜之。这是儒者的信念，亦是历史的真理。任何“视人为物”“视民如奴”的思想观念都应对此而痛切觉醒，任何凭依钱财权势知识身份而贱视农民劳工与寒苦大众的势利意识（无论洋奴买办或官奴土豪），都应该对此而彻底悔悟。在“尽吾心一体之仁以亲民”的原则下，只有人品之高下，没有行业之贵贱。[①]以是阳明认为四民平等，士不独高。他作《节庵方公墓表》[②]有云：

> 古者四民异业而同道，其尽心焉一也。士以修治，农以具养，工以利器，商以通货，各就其资之所近、力之所及者而业焉，以求尽其心，其归要在于有益于生人之道则一而已……自王道熄而学术乖，人失其心，交骛于利以相驰轶，于是有歆士而卑农，荣宦游而耻工贾；夷考其实，射时罔利又甚焉……比之具养器货之益，罪浮而实反不逮。

① 按：世有“操贱业”之言，实则不是业贱，而是人自作践。如男盗女娼，实乃德行之堕落，固不得谓之为“业”也。至若为势所逼而情出无奈者，则皆苦命无告之人，而吾心一体之仁自必哀之怜之亲之助之而不容自已。

② 见《阳明全书·别录卷二》。

四民各尽其心，故“异业而同道”。农具养、工利器、贾通货，便是各尽其心，所以皆是有益于人的“生人之道”。士卑农而耻工贾，荣宦游而不修治，即是不能尽其一体之仁以亲民，若又“射时罔利”，便是“失其心”了。齐王之子尝问：“士何事？”孟子答道：“尚志。”所谓尚志，亦即“求尽其心”之谓。士不尚志而反失其心，则名虽为士而实乃不务正业之游民，其罪咎自然浮于农工商贾。所谓“心死血凉”正指此辈。

明明德以亲民虽本于《大学》而说，而精神气脉亦仍然直承孟子而来。孟子肯定“民为贵”，故处处重在“兴民”，使人民本乎天性之善而兴起其心志以成圣成贤，故曰“舜何人也，予何人也，有为者亦若是。”[1]兴起人民之心志，即是要人以“天民”自居，以“天爵”自贵[2]，而堂堂地做人。阳明所谓“明明德以亲民”，亦正是欲天下人皆明其明德，致其良知，以兴起为善。而“亲民”所含的教民养民之义，亦是要天下人存性立德，发挥其“以中国为一人，天下为一家”的一体之仁，以齐家兴业，而进此社会于安和康乐之境。阳明既认定士应当“以亲民为职”，所以他的奏疏文字没有一

① 见《孟子·滕文公上》篇。

② 按：《孟子·万章上》载伊尹之言曰：“天之生斯民也，使先知觉后知，使先觉觉后觉。吾，天民之先觉者也，将以斯道觉斯民也。”所谓“天民”，实亦本乎《诗经·大雅·烝民》“天生烝民，有物有则，民之秉彝，好是懿德”之义而建立之观念。人人皆有天赋之常性（善性），皆有“天爵”“良贵”，故人人皆可兴起为善以成为圣贤。天爵、良贵之说皆见《告子下》篇。

篇不说到民生疾苦，没有一篇不说到安定民生，这都是本乎他关心民瘼“视民如伤”的真诚恻怛，而情不容已地发出的呼声。而平寇定乱，建立事功，则是他亲民哲学的具体表现。

第三节

亲民哲学的实践：建立事功 ①

阳明虽然没有机会掌理国家之大政，但他对“亲民哲学”的实践仍有具体而卓越的表现。以下所述他三大事功都与军旅有关。他剿贼寇、擒叛逆、平诸蛮，既动干戈，当然不免有所杀伤，但这是除凶顽以保黎庶，乃是以杀止杀，依然是“保民”“亲民”哲学的贯彻。所以乱事一定，阳明即设县治，举乡约，以抚慰新民，安靖地方，并兴学校以教化子弟。而且从他的书疏诗文里，亦可看出阳明是“杀人手段济人心”，即使在兵锋之际，亦依然是满怀恻隐的。

（一）平诸寇

吹角峰头晓散军，横空万骑下氤氲。

---

① 按：本节所述阳明之事功，系根据《阳明年谱》，并参阅《行状》、墓志、书信以及《明史》本传而撰成。

前旌已带洗兵雨，飞鸟犹惊卷阵云。

南亩渐忻农事动，东山休共凯歌闻。

正思锋镝堪挥泪，一战功成未足云。

——《喜雨三首》之一

在江西与福建、广东、湖南三省接壤的边境，都有大山脉横亘绵延其间。明武宗即位，宦官柄政，天下扰攘不安。这些边区的盗寇便乘机裹胁百姓，据地称王，并且四出劫掠，甚至攻打城池，普通的官军奈何不了他们。等到大军来到，他们便化整为零，大军一退，便又呼啸而聚，为害地方。有一位巡抚竟因此而忧惧不安，告病辞职了。武宗正德十一年，兵部尚书王琼深知阳明能任艰巨，特向朝廷荐举。九月，遂以南京鸿胪寺卿升任都察院左佥都御史巡抚南赣汀漳等处。这时阳明四十五岁。阳明受命之后，先回家乡省亲。他的朋友王思舆对季本（字彭山，后为阳明弟子）说："阳明此行，必立事功。"季本问："何以知之？"答道："吾触之不动矣！"所谓"触之不动"，即孟子"不动心"之意。面对艰巨的责任，心不摇惑，无所踌躇，即是"不动心"，亦即宋明儒常说的"义理承当"，所以阳明的"触之不动"是从学养而来。他不但不是刚愎执拗之不动，而且与英雄豪侠的"气魄承当"亦不相同。

阳明于冬末出发，次年——武宗正德十二年正月十五日到达赣州。在上任之后十天的时间里，阳明便完成了两大准备工作：

（一）行十家牌法。为了断绝山贼在居民户中混迹藏匿与往来活动，特于城中立"十家牌法"，详开各户姓名、籍贯、年貌、行业，日轮一家，沿门按牌查察，遇到面生可疑之人，立即报官审问。倘有隐匿，十家连坐。这是保安防贼最根本有效的办法。

（二）编选民兵。南赣地连四省，山险林深，盗贼盘踞，以前每遇有事，总是请调官军进剿，往返费时，师劳无功，而山贼益加猖獗。为剿贼之计，阳明移文赣、闽、湘、粤四省兵备官，在各所属府县挑选骁勇绝伦，胆力出众，并有武艺技能的，每县十名上下，编成一支机动特别部队。另外命令各县将原有民兵裁汰三分之一，剩下强壮可用的，严加训练，专门负责守城与防御关隘。那三分之一余额的钱粮便用来招募壮勇，编成精兵，随各省兵备道屯扎，听候调遣，以负剿贼之责。——经过编选之后，各府州县皆有守御之卒，各省兵备亦有剿贼之师。如此，便退可以守，进可以攻了。

阳明所面对的盗寇，共有三大区：

（一）漳南的盗寇。这是以福建为主，而毗连于广东东境的一大片地方。《年谱》称这一区的盗贼为漳寇。大贼首是詹师富、黄猫狸等人。

（二）横水、桶冈的盗寇。这是在江西上犹境内而毗连于湖南桂东县境的一带地方，是万洋山、诸广山绵延的大山区。大贼首是谢志珊、蓝天凤等人。谢志珊自称征南王，与广东乐昌的大贼高快马互相联结，声势浩大。

（三）浰头的盗寇。这是以广东龙川县为主，而毗连于江西龙南安远县境的一带地方，是九连山绵延的山区，有上浰、中浰、下浰三大寨。大贼首是池仲容兄弟，池并自称征西王。

当阳明上任途中，便闻知漳寇正炽。到任之后，他一面加紧准备，一面移文赣、闽、粤三省兵备官，限期起兵，共讨漳寇。在阳明没有统兵到达之前，江西、福建二省兵备官已先在漳州府境的长富村一带与贼接战，获得胜利。贼寇退守象湖山，官军乘胜追击，而广东兵亦赶到，正要会剿，突被贼兵偷袭，官军阵亡指挥、县丞各一，锐气受挫。阳明到达之后，知象湖山极高绝险，不利正面力攻。于是进屯上杭县城，一面密令官军佯言犒众退师，等秋后再行进剿，一面密探贼寇虚实，准备出奇制胜。到二月十九日，阳明亲自督师，分三路奇兵，乘夜突袭，经过一天的苦战，终于攻破了象湖大山。余贼窜散，而可塘洞山贼首詹师富与其他数十处贼寇仍然据险坚守，经一个多月分头追剿，至三月下旬，亦皆陆续剿平。之后，阳明又奏请朝廷新设“平和县”以抚镇新民。从此，不但盘踞漳南数十年的盗寇一举敉平，而贼人死灰复燃之机亦彻底消弭了。

漳寇既平，朝廷于九月改授阳明提督南赣汀漳等处军务，并给旗牌，得以便宜行事。阳明为了免于杀戮，特别写了一篇词旨剀切、哀怜无辜的告谕书，先行抚谕浰头贼寇，希望他们悔悟自新。这时，横水、桶冈诸贼约会广东乐昌高快马等大修战具，并造吕公车，意欲先攻下南康，再逾梅岭，乘虚攻入广东。湖广（湖南）巡抚请三省会兵夹攻，阳明则以为三省夹攻旷日费时，必将徒劳无功，故主张先攻横水，但必须先摆出进剿桶冈的态势，使横水贼寇心存观望，然后出其不意，急攻横水，必可成功。横水破后，桶冈陷于孤立。此时乘胜攻之，自然势如破竹。这样既可省兵力，又可争取时效。于是依计行事，于十月初七分十二哨进兵，节节胜利，遂破横水。十一月初一，又出奇兵攻入势极险峻的桶冈大寨。然后分头扫荡，到十二月初旬，盘踞近千里的盗寇，全数平定，谢志珊、蓝天凤等首从诸贼皆擒斩授首。为了镇抚地方，阳明又奏请在横水新设“崇义县”。

横水、桶冈既破，浰头诸贼大起恐慌。但大贼首池仲容非常凶悍狡诈，当阳明告谕贼巢之时，诸贼颇多感动，亦有投顺自新的。而池贼则说：“我等为贼非一年，官府来招非一次，告谕何足凭？”待桶冈既破，始有惧意，但仍私为战守之备，无意自新。阳明派人赐牛酒以察其变，他还编成一套说辞，假称龙川投诚的新民卢珂等要来袭击浰头，所以不得不加防范云云。阳明将计就计，一面佯言官府将派兵讨卢珂，必须假道浰头，一面密语卢珂假装就缚系狱。之后，又派使者到三浰颁授历法。使者说：“你们既是自新之民，官府颁历法，德意甚盛，怎能高坐接受，而不向官府表示归顺的诚意呢？”池贼亦正欲乘机窥探官府虚实，于是亲率悍酋九十二人，于十二月二十三日来到赣州，屯驻在教场里，然后带了几个人去见阳明。阳明厉声呵叱道：“你投诚入见，为何又率领部属屯驻教场，难道还对我心存怀疑吗？”池贼惶恐道：“不敢，属下在教场暂驻，只为听候命令，并无他意。”于是阳明派人将贼众引入祥符宫中善为接待，并且为他们换上青衣油靴，教以礼仪，以察看他们的意向，发觉这些凶残之徒根本没有受感化的可能。而赣州城里的士民亦埋怨阳明养寇贻害。过了一天，池贼便急急告辞，欲回贼巢。阳明说：“从赣州到浰头要走七八日，已经赶不上过年了。今年赣州城里正要为地方平静而举办灯会，你们过了年回去如何？”过了几天，池贼心虚，仍不自安，又来告辞。阳明察知池贼终无自新之意，乃决计除之，就说：“年节尚未犒赏，等新年大宴之后就送你们回去。”预定新年正月初三举行大宴，初二晚上，密令甲士潜入贼众居处，天没亮便将他们全部解决了。阳明愧恨不能感化他们，过午不忍下食，竟晕呕不支。在此之前，阳明已先遣人集兵以防浰头之变，池贼既已授首，即率军直趋浰头，于正月初七先攻下下浰大寨，接着上浰、中浰亦相继攻破。余贼奔窜，逃入九连山贼巢。九连山崖壁陡峭，势难直攻。阳明乃选精锐七百，换上贼衣，佯作奔溃，乘黄昏之时到达山贼壁下，贼人下崖招迎，官兵混入之后，迅速抢据险隘。次日天明，内应外合，擒抚兼施，九连山贼寇遂告平定。自后又分头进击各地数十处贼巢，至三月初旬全数敉平。阳明为了善后之计，又奏请在浰头新设“和平县”以安抚新民。自此，赣粤边境遂化为良民之区。

自阳明到任，只费十四个月便将为害地方数十年的巨寇一一剿灭，其用兵之神速，计虑之详密，以及善后之周至，都是第一等的。但阳明在征三浰之途中写给门人的书信却说：“破山中贼易，破心中贼难。区区剪除鼠窃，何足为异？若诸贤扫荡心腹之寇，以收廓清之功，此诚大丈夫不世之伟绩。”可见阳明对于平定盗寇，早已胸有成竹，而他念念不忘的，则是完成德性人格，裁成弟子后进，以开创文化学术之新生命。他在戎马倥偬之中，没有一天不讲学。诸寇既平，他除了抚新民，举乡约，以安靖地方，疏通商税盐法，以纾民困，还在各地普遍设立社学（国民学校），有名的《训蒙大意》便作于此时。此外，便是专心致意于讲学了。为了树立宗旨，他刻古本《大学》于赣州。其门人又刻《朱子晚年定论》于雩都。《传习录》上卷亦在此时由门人刻印出来。学者自四方而来。这时的赣南俨然人文荟萃之区了。

（二）擒宸濠

南浦重来梦里行，当年锋镝尚心惊。
旌旗不动山河影，鼓角犹传草木声。
已喜闾阎多复业，独怜饥馑未宽征。
迂疏何有甘棠惠，惭愧香灯父老迎。

——《南浦道中》

正德十四年，阳明四十八岁。这年夏天，福州三卫军人胁众谋叛，阳明奉命前往勘查处理。六月初九顺赣江而下，十五日到达丰城，知县来迎，并告宁王宸濠已反。

宸濠是明朝的宗藩，世守南昌。其人奸恶有异志，正德初年与刘瑾结纳，京师内官朝臣与地方大吏亦多倾附。他并想暗中送第二子混为武宗之后（武宗无子），经人告发，朝廷竟置之不问，宸濠益发无忌。他又鼓动穷人株连富民，刮剥财产，并纵大贼闵念四、凌十一等四处劫掠。后王琼为兵部尚书，预料宸濠迟早必反，于是申明军律，督责各地抚臣修治武备，戒严捕盗。凌十一系狱劫逃，王琼特令限期捕获归案。宸濠始知恐惧，乃暗示南昌诸生称颂自己贤孝，要挟当道上奏。武宗见奏，惊异道："保举官吏可以升级，保举宁王，意欲何为耶？"于是朝议纷纷，试御史萧淮并主张"或逮系至京，或坐名罢削”。朝廷终于决定从轻处置，派驸马都尉崔元前往南昌晓谕，只革撤“宁王王宫护卫”了事。但宸濠派在京师的密探太惊慌了，还没弄清事实，便把“朝廷将有惩处”的消息星夜兼程奔告。宸濠生辰，正在大宴省城诸司，闻告大惊。宴罢，召李士实、刘养正密谋，决定于次日诸司入谢时起事（原定是年中秋起事）。第二天，诸司入谢，宸濠伪称奉有太后密旨，命他起兵监国，意欲胁逼诸司相从。结果都御史孙燧、按察司副史许逵当场被害，其余系牢狱，而主事马思聪、参议王宏且绝食死于狱中。于是宸濠设官分职，传檄远近，正式竖起了叛帜。以上是宸濠反叛的简单经过。

阳明在丰城闻变，即回舟，宸濠的叛兵沿岸追捕，阳明乔装换衣得脱，经四昼夜至吉安。这时，阳明最担心的事，便是宸濠即时举兵进犯南京（宸濠的确如此打算），一旦得手，朝野震撼，天下大势便去了一半。他若再乘胜挥兵北上，朝臣武将必多持两端以为观望，那时再想兴兵勤王，便势难有为了。一旦凶残登大位，天下生民必将广受荼毒［按：阳明倡义起兵之前与友人书有云：“此人（宸濠）凶残忌刻，世所未有，使其得志，天下无遗类矣。”据此可知阳明之起义兵，不是基于忠于一家一姓的观念，而是本于人道主义、保民爱民的立场］。因此，当阳明在舟中时，便与幕士萧禹、雷济二人设谋，假写两广都御史火牌，略云：准兵部咨，本院率领狼达官兵四十八万，前往江西公干云云。即令雷济等设法将此假消息飞报宸濠。临行，雷济曰：“宁王见此，恐未必信。”阳明曰：“不信，起疑否？”济曰：“疑则不免。”阳明笑曰：“得渠一疑，彼之大势去矣！”（见《阳明全书·世德纪》附录）阳明的意思，只要宸濠起疑，迟延旬日发兵，则远近闻知，自然有备无患，而阳明自己亦可有一段准备时间，以号召忠义，起兵讨贼。宸濠见了火牌，果然心生疑虑，不敢轻举。阳明到了吉安之后，一面上疏告变，一面又分头派人到各府州县，假言朝廷已命许泰、郤永分领边军四万，从凤阳陆路进，刘晖、桂勇分领京边官军四万，从徐淮水陆路并进，南赣王守仁、湖广秦金、两广杨旦各率所部合十六万，分道直捣南昌。阳明这样做是希望借此安定地方民心。同时，阳明又制成蜡书，假称朝廷嘉许宸濠谋主李士实、刘养正二人反正归顺之诚，并要他们怂恿宸濠早日发兵东下，以便官军半途夹击，使他进退失据。阳明又嘱咐送书人故意送错地方，以便被宸濠亲信拿获。宸濠见书，果然怀疑二人。次日与二人商议进兵计划，恰好二人又异口同声劝他尽速攻下南京以即大位，宸濠益发生疑。阳明甚至还假造了贼将闵念四、凌十一投诚官府的密状，亦故意让宸濠发觉。宸濠在阳明一连串的心战攻势下，果然举棋不定，留兵南昌以观变。

到了七月初三，宸濠才发觉为阳明所欺。于是，亲率大军出鄱阳，下九江，直攻安庆，只留一万余众守南昌。阳明听到消息，大喜，即实时传檄各府州县，克期会兵于樟树，自己率同吉安知府伍文定于十三日自吉安出发，十八日各地知府、知县皆率义师共趋丰城。此时，有人主张先救安庆之围，阳明不以为然。他认为如果先救安庆，贼兵必然回军死斗，而南昌留守之叛贼断我后路，势必腹背受敌，加上九江贼众拦腰杀来，我军必不能支。如今南昌贼兵单薄，而我军先声所加，必可攻下南昌。南昌是宸濠的根本，南昌有事，他必然自解安庆之围，回兵救南昌。那时，我军在鄱阳湖迎头痛击，没有不胜的道理。计议既定，遂于十九日誓师，二十日一鼓作气便攻克了南昌。宸濠闻变，果然回师来救。二十三日贼兵先锋已至樵舍，风帆蔽江，连绵数十里，阳明督师乘夜趋进。二十四日早，贼船直逼黄家渡，二军接战，贼众大败，退守八字脑。二十五日，贼兵在宸濠的悬赏激励下，盛气挑战，因风势不便，官兵少挫，阳明急令斩先退者。前锋伍文定立于铳炮之间，火燃其须仍不退，于是将士用命，殊死并进，一炮打到宸濠的座舟。濠退走，贼遂大败，不得已退回樵舍。而这天夜里忽刮大风，阳明乃令急募轻舟四十，满载燃料，预备火攻。二十六日晨，伪臣正朝见宸濠议事，争论不决，忽报官军到了。此时，贼船业已连舟结成方阵，阳明的火船乘风而进，势如燎原，贼众溃散，赴水而死的不计其数。宸濠慌乱间逃避不及，终于与世子、伪官等五十余人一起受缚。阳明又派兵追剿余贼，九江等地亦先后收复。

当宸濠事变传到京师的时候，朝臣个个震恐，只有兵部尚书王琼大言道：“王伯安（伯安，阳明之字）居上游，必能擒贼。”阳明亦终于擒获了宸濠。而且阳明此番擒获叛王，原先没有一兵一卒，亦没有朝廷的诏命，他纯粹是“倡义”，响应起兵的亦只是一些江西地方的知府、知县，而竟然自闻变至擒贼，仅仅费时四十日便把一场震撼天下的大叛乱敉平了。他的智计、谋略、胆识、定力固然令人钦羡，而实际上则是由于他的真诚恻怛之情，不忍凶残得逞，不忍生灵涂炭，才奋其大智大仁大勇，而成此不世之功业的。

然而，大乱虽平，风波未息。那些原先与宸濠有来往有勾结的内宦朝臣生怕阳明揭发他们的隐恶，百端谗毁阳明。而武宗近侧的佞幸张忠、许泰更因羡妒阳明功勋，一面谗言阳明要造反，一面又怂恿武宗令阳明将宸濠放回鄱阳湖，让武宗亲征战获。种种荒唐、横戾、凌逼、倾挤、谗毁、陷害之事接踵而至，危疑汹汹者几达二年之久。论者以为“平藩之事不难于成功而难于倡义，不难于倡义而难于处忠、泰之变”。（见《年谱》）阳明在“颠风逆浪，滩流悍急”中经历了宸濠之乱，忠、泰之变，更加相信他的良知之说足以“忘患难，出生死”。因为良知知是知非，知善知恶，只要依这良知行，自然物来顺应，一切中理。人到此地步，随时心安，随事理得，生死患难，便自然置之度外了。所以五十岁时，阳明便在南昌正式提出“致良知”三字为讲学宗旨。

这一年，武宗崩，世宗即位，敕令阳明进京，准备亲予召用。而二三辅臣唯恐阳明因大功而位出己上，从中阻梗，说什么武宗国丧，不宜行赏宴之事云云。阳明对于现实政治本已不感兴趣，便上疏恳求归乡省亲。朝廷乃升他为南京兵部尚书，参赞机务，准令归省。第二年阳明又遭父丧，自此便专意讲学，不事他求了。

（三）平思田

四十年前梦里诗，此行天定岂人为。
徂征敢倚风云阵，所过须同时雨师。
尚喜远人知向望，却惭无术救疮痍。
从来胜算归廊庙，耻说干戈定四夷。

——《谒伏波庙二首》之一

世宗嘉靖六年五月，阳明五十六岁。朝廷又命他以南京兵部尚书兼都察院左都御史往征思田。

思恩与田州地在广西西北境。原先土酋岑猛作乱，提督都御史姚镆用兵征讨，擒获了岑猛父子，朝廷亦已降敕论功行赏完毕。但因善后不当，岑氏旧部卢苏、王受二人又煽惑苗瑶为乱，攻陷思恩。姚镆联合四省之兵前往征讨，竟然久而无功，受到巡按御史石金的疏劾。于是朝臣荐举阳明总督两广及江西湖广四省军务，度量事势，随宜抚剿。阳明于九月出发，十一月二十日在广西梧州开府。他沿途咨访，颇有所闻，乃上疏朝廷。其要点大略如下：

（一）广西苗瑶之乱由于军政日坏，处理不善。因两广军门每逢有急，便调发苗瑶之众以任攻战，累年奔走道路，不得顾其家室。事平之后，则又功归于上，恩赏不及，自然愤恨不平。

（二）岑猛父子为乱，虽有可诛之罪，而卢苏、王受二人实非奸恶之徒，只因官府处置不当，官军又攻之太急，走投无路，不得已负隅顽抗而已。

（三）为今之计，度理量情，宜先释二人不死之罪，开其自新之路。苟能归顺降服，自当息兵罢饷，以休养瘠痍之民，安抚蛮夷之心。

（四）田州南接交趾，其间深山绝谷，皆苗瑶之所盘踞，必须保存土官，乃可借其兵力以为中土屏蔽。若尽杀其人，改土归流，则边鄙之患我自当之。如此无异自撤藩篱，实非久安之计。

阳明此疏可谓深切周至。疏奏十二月初一发出，初二又奉命兼两广巡抚。次年正月，阳明进驻南宁，立即下令尽撤防守之兵，只留数千湖南土兵，解甲暂驻，以备缓急，卢苏、王受见朝廷并无必杀之意，便有了投生之念。于是具名陈情，悔罪投降，并即派人向阳明诉说苦情，愿意扫境投生，只求免死。阳明应允。于是卢、王二人于二月中亲率一万七千余众至南宁城下，分屯四营，然后囚首自缚，与头目数百人前赴军门候命。阳明下令将卢、王二人各杖一百，而后解缚，并告谕道：

今日免尔等一死，乃朝廷天地好生之仁；杖尔示罚者，则我等人臣执法之义。

于是众人叩首悦服。阳明亦随至城下四营亲加抚慰。自头目以下皆感激再生之恩，誓以死报，并愿候命杀贼，立功赎罪。阳明又顾念他们久离乡土，家园荒残，嘱即返乡，各复生业。于是欢声雷动，感激涕零而去。连年大军征剿不服的蛮夷，不折一矢，不戮一人，就这样顺顺当当地平服了。《论语》所谓“绥之斯来，动之斯和”，本是赞颂圣人的话，而阳明晚年的学养造诣亦庶乎进到这种境界了。

思田既平，尚有八寨与断藤峡数万蛮贼，南通交趾诸夷，西接云贵诸蛮，东北与牛场、仙台、花相、风门、佛子及柳庆、府江、古田诸瑶回环联络，流毒二千余里。思田事毕，阳明便因湖南土兵归师之便，另调发思田之众各七八千人，出其不意，分头进击八寨、断藤，自明初以来，一百六十年屡征不服的蛮贼终于一举荡平。阳明此举沉机不露，举重若轻，既没有大事调兵，又没有征集粮饷，更没有惊动百姓，而且事后随即相度地势要害，改立卫所，开设县治，兴办学校，而永远根绝了两广地方的祸乱之源，真可说是“泽及一方，德垂后世”了。

但阳明以衰年疾病之躯久处南方瘴毒之地，又为勘察地形，建造新城，登山涉水，冒暑奔劳，后来病发不能行走，仍然乘轿而从事。到了十月，疾病加剧，于是上疏告归。就在这一年的十一月二十五日，在归途中卒于江西南安（今大庾县）。临终的时候，门人问遗言，答道：

此心光明，亦复何言。

须知一个光辉洁白的人格，他一生的言行事业，句句是遗言，事事是遗范，阳明临终的话正是他一生最恰当的表白。这样的人物是永远令人仰念不止的。

第十章 阳明的人格与风格

第一节

以讲学从事思想运动

“思想运动”是近代名词，古人只说讲学论道。但宋明儒的讲学，实质上即是一种启迪多士以开发文化新生命的思想运动。而这亦正是孔孟传统。

王阳明的时代正当西方文艺复兴[①]，是现代欧洲觉醒的时期。而在中国，明朝的绝对王权则反常地严酷。明太祖起自微贱，畏忌读书人，胡惟庸案之后残刻益甚。他废宰相制度，改大臣立答为跪对，并发明廷杖，设立锦衣卫，至成祖更以宦官主持东西厂。明代名臣很少有不受廷杖的，阳明亦不例外。太祖又发明八股，提倡程朱之学。成祖更敕修四书五经大全。宪宗成化年间，八股又限于四书。天下英雄虽已入彀，但士大夫之无知与无耻亦因此而不堪问，结果只造成“一夫为刚，万夫为柔”之局面。其中不甘以八股自阉

---

① 按：公元一四五三年（阳明出生前十九年），东罗马亡，希腊学者多避难于意大利，以讲授古典为业，终于促成文艺复兴（意为再生）运动。论者以人文主义、航海冒险、民族国家三者为文艺复兴之三大主潮。

的，不是逃于秦汉盛唐之诗文，便是从事于宋儒之理学。但明初之理学亦只是拾程朱之余唾，并不能承接程朱之真精神，所以亦奄奄无生气[①]。才智较高的如陈白沙，则不求闻达，而别求其“吾与点也”之乐。在这沉闷凝固的空气中，阳明的良知之说真是如雷鸣、如闪电、如甘霖，故能震动一世而风行天下。

阳明不信二氏，亦不满朱子，以为两者皆“析心与理而为二”[②]，与圣人之学不同。他奇怪当世学者重于背朱而轻于叛孔，乃大声疾呼：

> 道，天下之公道也；学，天下之公学也。非朱子可得而私，非孔子可得而私也。
>
> 学贵得于心。求之于心而非也，虽其言之出于孔子，不敢以为是也，而况其未及于孔子者乎？求之于心而是也，虽其言之出于庸常，不敢以为非也，而况其出于孔子者乎？（《传习录》中《答罗整庵少宰书》）

关于阳明成学的过程以及在各阶段讲学的宗旨已见第一章，而阳明之学说与事功亦已见以上各章所述。这里只就他讲学的用心再作说明。

---

① 按：笃守朱学之薛瑄尝云：“考亭（朱子）以还，斯道业已大明，无烦著作，直须躬行耳。”然英宗复辟，他已为大学士，而对于于谦之冤狱却只能叹息，而不敢有所“躬行”，以尽援救之义。

② 见《象山文集序》，已略引述于上第八章第一节，请参看。

钱绪山在《传习录》中卷之前有一段弁语说到阳明："平生冒天下之非诋推陷，万死一生，遑遑然不忘讲学，唯恐吾人不闻斯道，流于功利机智，以日堕于夷狄禽兽而不觉。其一体同物之心，谆谆终身，至于毙而后已。此孔孟以来贤圣苦心，虽门人子弟未足以慰其情也。是情也，莫详于答聂文蔚之第一书。"此书有云：

> 夫人者天地之心，天地万物本吾一体者也。生民之困苦荼毒，孰非疾病之切于吾身者乎？不知吾身之疾痛，无是非之心者也。是非之心不虑而知，不学而能，所谓良知也。良知之在人心无间于圣愚，天下古今之所同也。……
>
> 后世良知之学不明，天下之人用其私智以相比轧，是以人皆有心，而偏琐僻陋之见，狡伪阴邪之术，至于不可胜说。外假仁义之名，而内以行其自私自利之实。诡辞以阿俗，矫行以干誉；掩人之善而袭以为己长，讦人之私而窃以为己直；忿以相胜而犹谓之徇义，阴以相倾而犹谓之疾恶；妒贤忌能而犹自以为公是非，恣情纵欲而犹自以为同好恶；相陵相贼，自其一家骨肉之亲，已不能无尔我胜负之意与彼此藩篱之形，而况于天下之大，民物之众，又何能一体而视之？则无怪纷纷籍籍而祸乱相寻于无穷矣。
>
> 仆赖天之灵，偶有见于良知之学，以为必由此，而后天下可治。是以每念斯民之陷溺，则为之戚然痛心，忘其身之不肖，而思有以救之，亦不自知其量者。天下之人见其若是，遂

相与非笑而诋斥之，以为是病狂丧心之人耳。呜呼，是奚足恤哉！吾方疾痛之切体，而暇计人之非笑乎？……

仆之不肖，何敢以夫子之道为己任？顾其心已稍知疾痛之在身，是以彷徨四顾，将求其有助于我者，相与讲去其病耳。今诚得豪杰同志之士扶持匡翼，共明良知之学于天下，使天下之人皆知自致其良知，以相安相养，去其自私自利之蔽，一洗谗妒胜忿之习，以济之于大同，则仆之狂病固将脱然以愈，而终免于丧心之患矣，岂不快哉。

阳明此书论良知之学不明之弊最为慨深痛切：

（一）用私智则不公，故阿比以相倾轧。

（二）外假仁义之名，以行私利之实。

（三）诡谲其辞以阿顺世俗。

（四）矫饰其行以干求时誉。

（五）掩取他人之善以为自己之长。

（六）攻讦他人之私以为自己之直。

（七）以逞忿相胜为徇义。

（八）以阴险倾轧为疾恶。

（九）妒贤忌能而自以为公是非。

（十）恣情纵欲而自以为同好恶。

（十一）骨肉之亲而犹分你我、斗胜负。

（十二）于天下民物不能视为一体而休戚相共。

总之，人欲炽张，天理湮灭，社会没有真人品、真学术，亦因而没有真是非、真功业。天下纷纷籍籍而祸乱相寻，都是由于良知之学不明，而思想封闭、人心僵化之故。

良知不是别的，它就是我生命中的一点灵根，就是“联属家国天下而为一体”的一体之仁。“念斯民之陷溺，则为之戚然痛心”，而思救之于水火，这正是吾心之仁（良知之天理）不容自已的恻隐之情与悲悯之怀。但救天下不能“援之以手”，而必须“援之以道”（孟子语），致良知就是这个救己救人的道。阳明讲学的用心，即是要团聚豪杰同志之士，共同讲明良知之学，使天下人都能自致其良知，以去其自私自利之蔽与谗妒胜忿之习，以相安相养、成己成物而进世界于大同。这样讲学是讲之以身心，讲的是“生命的学问”。因为天下一切价值功业之成就，都必须从“端正心向”“清澈生命”开始。有真人，才能有真事。阳明讲的正是这大人之学，大丈夫之学[1]，是要人自知“个个心中有仲尼”（阳明《咏良知》诗句），以奋其自尊自信之心，而来堂堂地做个人[2]。而其终极的目标则正如张横渠所说，是要“为天

---

①《孟子·滕文公下》篇云：“居天下之广居，立天下之正位，行天下之达道，得志与民由之，不得志独行其道，富贵不能淫，贫贱不能移，威武不能屈，此之谓大丈夫。”

② 按：邹东廓撰《阳明文录序》，有云：“当时有称先师者曰：‘古之名世或以文章，或以政事，或以气节，或以勋烈，而公克兼之，独除却讲学一节，即全人矣。’先师笑曰：‘某愿从事讲学一节，尽除却四者，亦无愧于全人。’”所谓堂堂地做个人，即是要做个“全人”。然事事皆能，样样俱备，只是多才多艺，只是器能之士，非所谓全人也。子曰：“君子多乎哉？不多也。”又曰：“君子不器。”文章、政事、气节、勋烈皆属器能，此须随分成就，可多可少（多之以为美，少之以为贵）。

地立心，为生民立命，为往圣继绝学，为万世开太平”。这寥寥数语的是王道之大端，而亦是思想运动与人类理想之正鹄。

阳明痛斥当时训诂、记诵、辞章、名利之恶习与士大夫之奸私无耻[①]，而思以精诚恻怛之仁的觉醒而移易之；在政治上，他为平民立言，而反抗专制；此皆表示他讲学的时代意义，亦有文化意识与客观意识。王学之风行天下，亦正表示人心之不死与文化心灵之活跃。但流于泰州学派，则义理规范既有不足，而文化意识与客观意识亦未彰显。泰州派下多主乐、主自然、主活泼，洒脱自在，冲破格套，此非豪杰之士不能，亦有大浪漫性含于其中。而且“其人多能以赤手搏龙蛇”[②]，有侠气、有血性、有性情、有家国天下之情。这本可以见诸行动，发为事业，而终于不能者，实由客观理想与客观精神不具备之故。而后有东林之起，然亦只成贤人君子与官宦小人之直接搏斗，结果是在大激荡中造成人才之摧残与国力之孱弱。到了晚明，顾、黄、王诸大儒秉其强烈之文化意识与政治意识，反省历史文化之传统而要求开“外王”之大业，客观理想与客观精神同时透显。可惜时机已晚，清军入关，大明沦亡，他们正大而健康的理想受到严重的压抑，只有著书寄望于后世。而自阎若璩之徒效顺清朝，士风趋下，华族之文化生命与学术精神遂亦日渐泯

（接上页）而讲学则是要立本，本立而道生。致吾心良知之天理于事事物物，多少文章政事气节勋烈成就不得！讲学立本是体，文章政事等是用。承体以起用，当成就的，终必一一成就。堂堂地做一个人，亦即是堂堂地做一世事。如此亦何愧于全人乎？

① 请参看《传习录》中《答顾东桥书》后段拔本塞源之论。

② 黄梨洲语，见《明儒学案》卷三十二《泰州学案一》。

丧而至于斩绝，而清朝二三百年竟成为中华民族毫不表现文化创造力之时期，这才真是华族的大不幸。

附识

胡秋原先生论阳明之学别有会心，他采取中西文化思想比较对照之观点，以论王学之时代意义及其广大深远之影响，言多警策，而可开阔读者之心胸。见其所著《复社及其人物》与《王阳明诞生五百年》。（《中华杂志丛刊》）

第二节

狂者胸次

阳明是圣贤中的狂者。他的一生，用世而不阿时，自持而不隐世，处贫贱富贵夷狄患难之中，无入而不自得[①]。其真诚恻怛，光明俊伟，诚不愧“阳明”二字（胡秋原先生语）。何以能然？曰：自尊自信其为人之价值而已。受他熏陶之人亦皆能真诚笃实，无阉然媚世之习。阳明以亟谏贬谪，后以书生定乱，疑谤纷来，泰然处之无事。其弟子多遭困戮，亦能从容就义而无悔[②]。

---

①《中庸》云：“君子素其位而行，不愿乎其外。素富贵行乎富贵，素贫贱行乎贫贱，素夷狄行乎夷狄，素患难行乎患难。君子无入而不自得。”按：君子只因其现在所居之位而为其所当为，一切义之与比，唯理是从。故不希慕于外，而能随时随事而心安理得。

② 如邹谦之，尝从阳明征宸濠，反而屡遭迁谪。又冀元亨以奉阳明之命，赴藩邸答宸濠问学。濠败，忌阳明者欲借元亨以陷之，遂逮元亨至京师。备受拷讯，无片语阿顺，在狱中与囚徒讲学如平日。科道交章颂冤，及世宗即位，诏将释，而元亨前已得病，后五日卒于狱。《阳明年谱》四十九岁下有专条记其事。

《传习录》下载：

薛尚谦、邹谦之、马子莘、王汝止侍坐[①]，因叹先生自征宁藩已来，天下谤议益众，请各言其故。有言先生功业势位日隆，天下忌者日众；有言先生之学日明，故为宋儒争是非者亦日博；有言先生自南都以后同志信从者日众，而四方排阻者日益力。先生曰："诸君之言信皆有之，但吾一段自知处，诸君俱未道及耳。"诸友请问，先生曰："我在南都已前尚有些子乡原的意思在，我今信得这良知真是真非，信手行去，更不着些覆藏。我今才做得个狂者的胸次，使天下之人都说我行不掩言也罢。"尚谦出曰："信得此过方是圣贤真血脉。"

按：宁藩，指宁王宸濠。阳明擒宸濠事已详见上章第三节。乱平之后，谗谤四起，天下汹汹者一年有余。此何以故？门人所说，是从谤议者那方面想；阳明所说，则是从自己这方面想。所谓"南都已前"，大体指四十五岁以前。阳明于四十三岁为南京鸿胪寺卿，四十五岁受命巡抚南赣汀漳等处。行前友人王思舆对人说："阳明此行，必立事功。"人问何以知之，答道："吾触之不动矣！"触之不动，即是孔子"四十而不惑"，孟子"四十不动心"之意。人能将利害荣辱生死祸福……置之度外，一切"直道而

---

① 按：四人皆阳明弟子，薛、邹二人已见前注。马明衡，字子莘，福建莆田人。王艮，字汝止，号心斋，江苏泰州人。见《明儒学案》卷三十二《泰州学案一》。

行”，事事“义之与比”，便自能触之不动。这亦就是文中所谓“信得这良知真是真非，信手行去，更不着些覆藏”。若是掩饰覆盖，隐蔽藏私，便不是良知之真是非。一切只依良知真是非而行，不委曲，不敷衍，没有瞻顾，没有回护，便是“狂者胸次”，而亦是所以招致谗谤的真正原因。

狂狷与乡原的讨论首见于《论语》与《孟子》。在圣贤人物中，伊尹可说是圣之狂者，伯夷可说是圣之狷者，而孔子则是圣之时者。时即时中，亦即合乎中道之意。至于乡原，则不可与入道德之门。所以孔子说：“过我门而不入我室，我不憾焉者，其唯乡原乎！乡原，德之贼也。”①《阳明年谱》五十二岁下，载有阳明与弟子论乡原与狂狷之辨一段文字，甚能推阐孟子之意，兹录于下：

> 请问乡原狂者之辨。曰：“乡原以忠信廉洁见取于君子，以同流合污无忤于小人。故非之无举，刺之无刺。然究其心，乃知其忠信廉洁所以媚君子也，同流合污所以媚小人也，其心已破坏矣，故不可与入尧舜之道。狂者志存古人，一切纷嚣俗染，举不足以累其心，真有凤凰翔于千仞之意。一克念，即圣人矣。惟不克念，故阔略事情，而行常不掩。惟其不掩，故心尚未坏，而庶可与裁。”
>
> 曰：“乡原何以断其媚世？”曰：“自其讥狂狷而知之。狂

① 见《孟子·尽心下》篇。后世凡论及狂狷与乡原皆以《孟子》此章为据。

狷不与俗谐，而谓生斯世也，为斯世也，善斯可矣，此乡原之志也。故其所为皆色取不疑，所以谓之似。三代以下，士之取盛名于时者，不过得乡原之似而已。然究其忠信廉洁，或未免见疑于妻子也。虽欲纯乎乡原，亦未易得，而况圣人之道乎？”

曰：“狂狷为孔子所思，然至于传道，终不及琴张辈而传曾子，岂曾子亦狷者之流乎？”先生曰：“不然。琴张辈狂者之禀也，虽有所得，终止于狂。曾子中行之禀也，故能悟入圣人之道。”

又据《年谱》，阳明自江西归越，学徒来自四方。中秋之夜，阳明设席，宴门人于天泉桥。饮酒半酣，歌声渐动。久之，或投壶聚算，或击鼓，或泛舟。阳明见诸生兴致热烈，乃退而作诗二首：

万里中秋此月明，四山云霭忽然生。
须臾浊雾随风散，依旧青天此月明。
肯信良知原不昧，从他外物岂能撄。
老夫今夜狂歌发，化作钧天满太清。（其一）

处处中秋此月明，不知何处亦群英。
须怜绝学经千载，莫负男儿过一生。
影响尚疑朱仲晦，支离羞作郑康成。
铿然舍瑟春风里，点也虽狂得我情。（其二）

前一首一二句写景，三四句则承上二句而转为借喻。浊雾随风散，是喻利欲俗见一扫而空；青天此月明，是喻良知心体之朗现明照。撄，扰乱也。良知呈现做主，自能明辨是非善恶，不受外物扰乱。钧天，《吕氏春秋》：“中央曰钧天。”太清，天也，亦即太虚之意。良知即天理，良知之感应彻通物我内外。心充满宇宙，理亦充满宇宙（黄梨洲《明儒学案序》云：盈天地皆心也）。故末句曰“化作钧天满太清”。后一首五六句意谓朱子析心与理为二，于圣人之道犹在影响之间，至于郑玄注疏之业，太涉支离，未能发明道之本真，故不屑为。最后二句则是本于《论语》“吾与点也”章而言。阳明见群弟子投壶击鼓，行舟放歌，有如曾点之春风舞雩，舍瑟铿然，虽疏狂而可与入道，故曰“得我情”也。次日，诸生入谢，阳明又有一段晓示的话：

> 昔者，孔子在陈，思鲁之狂士。世之学者没溺于富贵声利之场，如拘如囚，而莫之省脱，及闻孔子之教，始知一切俗缘皆非性体，乃豁然脱落。但见得此，不加实践以入于精微，则渐有轻灭世故，阔略伦物之病，虽比世之庸庸琐琐者不同，其为未得于道一也。故孔子在陈，思归以裁之，使入于道耳。诸君讲学但患未得此意，今幸见此，正好精诣力造，以求至于道，无以一见自足，而终止于狂也。

按：狂者精神最能超脱凡俗，卓然挺拔，但如不在事上磨炼，以入于精微笃实，则渐有“轻灭世故，阔略伦物”之病。故阳明虽发狂歌，而又谆谆告诫学者，不可一有见而自足，止于狂而不进。

阳明还有一首《文殊台夜观佛灯》之诗：

老夫高卧文殊台，拄杖夜撞青天开。
散落星辰满平野，山僧尽道佛灯来。

此诗文义易解，全诗只是一个“狂”字，但圣门“狂者胸次”正不易得，故孔子“不得中行而与之，必也狂狷乎！狂者进取，狷者有所不为也”。[①]狷者有所不为是“有守”，有守是立得住；狂者进取是“有为”，有为是行得去。必有守而后乃能有为，有守有为乃能进于中道，登入圣域。此彻头彻尾，彻里彻外，只是一个“真”，假不来的[②]。至于一般名士文人之狂，则大体是肆无忌惮的假张狂，不足算也。唯青年之狂气，却是生命之昂扬，只要不装腔作势，不流于狂妄蹈虚，则亦是自尊上进之征。

---

① 见《孟子·尽心下》篇。按：狂者进取有为，能行道；狷者有所不为，能守道。所谓“行一不义，杀一不辜，而得天下，不为也”，即是狷者有所不为之精神。故狷者与狂者皆为孔子所取。

② 按：近世师儒中，熊十力先生最表现大人狂者气象。熊先生字“子真”，近时台湾报刊常误称为“子贞”，非是。

第三节

敬畏与洒落

人不可以肆无忌惮，故应有“敬畏”之感。没有敬畏感的人或者放纵恣肆，或者软塌颓堕，这都是轻贱自己；反之，有敬畏感的人必然朝夕惕厉，自尊自贵，所以敬畏之感乃是一种高贵的情操。但常人总觉得当敬畏之心增强时，则心怀便无法洒落，于是乃有“敬畏之增，不能不为洒落之累”一问题之提出。

《阳明年谱》五十三岁下载：

舒国用[①]有“敬畏累洒落”之问。先生曰：“君子之所谓敬畏者，非有所恐惧忧患之谓也，戒慎不睹、恐惧不闻之谓耳。君子之所谓洒落者，非旷荡放逸之谓也，乃其心体不累于欲，无入而不自得之谓耳。夫心之本体，即天理也。天理之昭

① 舒柏，字国用，尝致书阳明，谓“敬畏之增，不能不为洒落之累”，阳明作书答之。其详见《阳明全书·书录卷二》。

明灵觉，所谓良知也。君子戒惧之功无时或间，则天理常存，而其昭明灵觉之本体自无所昏蔽，自无所牵扰，自无所歉馁愧怍，动容周旋而中礼，从心所欲而不逾，斯乃所谓真洒落矣。是洒落生于天理之常存，天理常存于戒慎恐惧之无间，孰谓敬畏之心反为洒落累耶？”

按：《大学》云：“心有所恐惧，则不得其正；有所忧患，则不得其正。”《中庸》云：“君子戒慎乎其所不睹，恐惧乎其所不闻，莫见乎隐，莫显乎微，故君子必慎其独也。”阳明之意，君子之所谓“敬畏”，不是《大学》所说的“有所恐惧，有所忧患”，而是《中庸》所说的“戒慎不睹，恐惧不闻”。换言之，敬畏亦就是慎独的意思。君子之所谓“洒落”亦不是从风貌意态上看，而是从心体上说。平常所谓任放、流荡固然不是洒落，而潇洒、飘逸亦仍然不是洒落。凡是气质上的清新俊逸，丰神绝俗，超出尘表，全都不是阳明所谓洒落。唯有心体莹澈，天理常存，物来顺应，不累于欲，随时随事皆自得，从心所欲不逾矩，如此乃能谓之洒落。

依阳明，心之本体即是“天理”，天理之昭明灵觉即是良知。而君子之“戒慎恐惧”，是要常常保存心体之灵昭不昧——这是无时或已、不容间断的工夫。果能无所间断，则良知常明，天理常存。此时，心体是莹澈而贞定的，是好恶皆得其正的，是廓然大公、物来顺应的。到得这个地步，自然无所“昏蔽、牵扰”，无所“歉馁愧怍”，而其发用流行自能“动容周旋而中礼，从心所欲而不逾”，这就是真洒落。

总之，“洒落”生于“天理之常存”，天理又常存于“戒慎恐惧之无间”，而戒慎不睹、恐惧不闻即是“慎独”，慎独即是“敬畏”。如此则“敬畏”何足为“洒落”之累？但问者之所以认“敬畏之增，不能不为洒落之累”，其故亦可得而言。问者之所谓“敬畏”，不是指《中庸》“戒慎不睹，恐惧不闻”的戒慎恐惧，却反而是就《大学》“心有所恐惧，有所忧患”的恐惧忧患而言。心既有所恐惧忧患，有所好乐忿懥（注意有所的“所”字），则其心便已为外物所牵累而不平不正矣。这个时候的敬畏只是紧张、强制，所以愈用敬畏，则愈不洒落。反之，若就《中庸》之戒慎恐惧而言，则所谓“敬畏”只是存养吾心良知之天理，常保其昭明灵觉，勿使昏昧放逸，便自然无所牵扰而洒脱自在，如此则“敬畏”与“洒落”自能相贯而一致。所以阳明说：

> 尔那一点良知，是尔自家底准则。尔意念着处，他是便知是，非便知非，更瞒他一些不得。尔只不要欺他，实实落落依着他做去，善便存，恶便去，他这里何等稳当快乐！”（《传习录》下）

不要欺瞒它便是敬畏，稳当快乐便是洒落。后来泰州派便专从“洒落”一面说话。王艮（心斋）特别作了一首《乐学歌》[①]：

---

① 见《明儒学案》卷三十二《泰州学案一·心斋语录》。

人心本自乐，自将私欲缚。私欲一萌时，良知还自觉。一觉便消除，人心依旧乐。乐是乐此学，学是学此乐。不乐不是学，不学不是乐。乐便然后学，学便然后乐。乐是学，学是乐。呜乎！天下之乐何如此学，天下之学何如此乐。

因此，平常、自然、洒脱、乐，这种看似平常而实为最高的境界，便成为泰州派下的特殊风格。他的儿子王东崖[①]亦承继父风，一传再传，终于演变而为狂荡一路。他们说道理亦并不错，但真要体现那似平常而实为最高的境界极不容易，一有走作便是“情识而肆”。所以那些话不宜多说，否则便只是玩弄光景。[②]虽然“良知现成、何思何虑”，但亦必“终日乾乾、对越在天”。[③]“洒落”与“敬畏”二者必须和谐统一，方是儒者之学。

---

① 王襞，字宗顺，号东崖，王艮之仲子，师事王龙溪与钱绪山，而继承家风为多。见《明儒学案》卷三十二。

② 关于此，请参看牟先生《王学的分化与发展》下篇第二节，其论泰州派之特殊风格与罗近溪之以破光景为其学问之胜场，义皆精彻。见《新亚书院学术年刊》第十四期。

③ 按：此义请参看上第八章第二、第三两节。

第四节

诗境：寂乐交融

阳明气质刚毅，胸怀坦荡。他的诗不作一句呻吟语、寒伧语，更没有酸气、腐气、迂气、俗气。他平定思田之乱而积劳成疾，在归途中卒于江西南安。门人问遗言，阳明曰："此心光明，亦复何言。"诗是性情的流露，诗教即是性情之教。但必须此心光明，乃能有真性情。阳明一生在光明中行，在性情中行，行藏心迹神人共见，何须遗言？这最后二句话正是他一生学行的表白。孟子曰："读其书，诵其诗，不知其人可乎！"知其人，而后可以诵其诗，诵其诗而后乃能得其境。但"如人饮水，冷暖自知"，若不是会心人，又怎能滴滴在心头？兹取阳明十首诗略作解说，一得之愚，或者亦不无可采之处耳。[①]

① 按：此所录阳明诗十首系依其写作之年序依次排列。

（一）泛海

险夷原不滞胸中，何异浮云过太空。

夜静海涛三万里，月明飞锡下天风。

明代太监弄权，陷害忠良，阳明仗义上疏直谏，因而得罪宦官刘瑾，下了牢狱，随后并被贬谪到贵州龙场为驿丞。在赴谪途中，刘瑾派人跟踪，意欲加害，阳明警觉，托言投江而逃。本想泛海游舟山，遇大风，船漂流到浙闽边界，登岸宿于山中野寺，乃题此诗于寺壁上。夷，平也。前二句的意思是说，人生之险阻平顺皆不在意，功名富贵只如掠过太空的一片浮云而已。海涛三万里，是说泛海途中风浪之汹涌，但加上“夜静”二字，却有风平浪静之感。飞锡，僧人所用手杖。据《释氏要览》：“今僧游行，嘉称飞锡。此因高僧隐峰游五台，出淮西，掷锡杖飞空而往也。”阳明心怀豁达，故此诗气宇不凡，意境超绝。而末句借典故为喻，写夜空月明，天外飞临，尤见潇洒之致。

（二）《袁州府宜春台四绝》之一

台名何事只宜春，山色无时不可人。

不用烟花费妆点，尽教刊落尽嶙峋。

袁州府治在今江西宜春县，阳明赴谪途中，过此而登台。首句用反诘法，笔意甚高。大地景色有三春烟花装点，固然甚美。其实“山水有清音”，何时不可人？只看人善观不善观耳。嶙峋，山势突兀起伏之貌。意思是说，越是刊落装点，越显得骨格突露，气貌凛然。而世间之科名、学位、富贵、权爵……全是装点，有了这些，自是人生之福，但刊落这些，则更易使人之真面目、真品性凸显出来。此诗托物抒怀，无异阳明自己之写照。

（三）《赠刘侍御二首》之一

相送溪桥未隔年，相逢又过小春天。
忧时敢负君臣义，念别羞为儿女怜。
道自升沉宁有定，心存气节不无偏。
知君已得虚舟意，随处风波只晏然。

此诗作于谪居龙场之时。前四句是赠别叙情，互相慰勉之语，意思在后四句。诗前小序有云：“蹇以反身，困以遂志。”蹇、困，皆《易》卦名。《蹇卦·彖辞》云：“蹇，难也，险在前也。见险而能止，知（智）矣哉！”《困卦·象辞》云：“困，君子以致命遂志。”阳明自从居夷处困，动心忍性，深深体验到道之行否，关乎时运，或升或沉，并无定常。气节之士激昂慷慨，仗义犯难，以“有道则见，无道则隐”之义衡之，似乎不无偏执。实则所偏者并不在“气节”，而只在“存心”。人若“心存”气节，便已着了一分意思，而不是由良知天理而行。人遇险困，或“反身而知止”，或“致命以遂志”，皆只为讨个是非明白，而不是心有所执。人如理会得庄子“虚舟”之意，自可不因得失荣辱而易其志。庄子云：“方舟济于河，有虚船来触舟，虽有惼心之人，不怒。”

君子守道行义，对于横逆之来，皆视同虚船，只要反身而诚，自然天君泰然，心安理得。

（四）武陵潮音阁怀元明

高阁凭虚台十寻，卷帘疏雨动微吟。
江天云鸟自来去，楚泽风烟无古今。
山色渐疑衡岳近，花源欲问武陵深。
新春尚沮东归楫，落日谁堪话此心。

湛若水，字元明，号甘泉，广东增城人。他与阳明一见定交，论学虽有出入，但始终互相爱重。阳明龙场谪期届满，升庐陵知县。他自贵州入湖南，顺沅水而东，至武陵，登潮音阁。只见台阁凭虚，帘卷疏雨，不觉引动诗情。江天上，云霞飞鸟，自来自去；楚泽中，微风轻烟，无古无今。忽又疑，山色依稀近衡岳[①]；更欲问，武陵桃源深几许？此时，上下古今，东西南北，随心冥想，任情逍遥，胸怀何等超旷！然而东归之舟沮滞不发，黄昏落日时分，谁堪共话心语？末句点出“怀”字，深情无限。——按：若据有我之境与无我之境为说，则三四句是无我之境，五六句是有我之境。实则到得物我交融，内外不隔，便无须作此分别。此意可参看下一首诗。

---

① 据《阳明全书·诗录卷二·南游三首》之弁语，知阳明自京师赴谪时，与湛甘泉有南游衡岳之约。阳明念念在心，时切怀想。如今谪满放归，东入沅湘，思及老友旧约，不觉心注神驰，故曰“山色渐疑衡岳近”。

（五）睡起写怀

江日熙熙春睡醒，江云飞尽楚山青。
闲观物态皆生意，静悟天机入窅冥。
道在险夷随地乐，心忘鱼鸟自流形。
未须更觅羲唐事，一曲沧浪击壤听。

熙熙，清明和乐之意。窅音秒，窅冥，深远难见也。羲唐，指伏羲、唐尧。沧浪，水名。《孟子·离娄》篇载孺子之歌曰："沧浪之水清兮，可以濯我缨；沧浪之水浊兮，可以濯我足。"《击壤歌》，相传尧时老人所唱，辞曰："日出而作，日入而息，凿井而饮，耕田而食，帝力于我何有哉！"按：阳明自龙场悟道，心体朗现，物我内外通而为一，只见天地间处处是生意洋溢，事事皆化机流行，宁静淡泊，意境旷远。有此心体乃能有此诗句，自是艺进于道之作。道在、心忘二句，正是"君子无入而不自得"之境。造诣如此，当下现前即是至乐之地，何须更觅羲唐之世？程明道有诗云："闲来无事不从容，睡觉东窗日已红。万物静观皆自得，四时佳兴与人同。道通天地有形外，思入风云变化中（变化，或作变态）。富贵不淫贫贱乐，男儿到此是豪雄。"二诗正可并观。

（六）龙潭夜坐

何处花香入夜清，石林茅屋隔溪声。
幽人月出每孤往，栖鸟山空时一鸣。
草露不辞芒屦湿，松风偏与葛衣轻。

临流欲写猗兰意，江北江南无限情。

龙潭在安徽滁州，是阳明讲学之地。此诗前六句写花香入夜，茅屋溪声，月出孤往，山空鸟鸣，芒鞋沾露，葛衣风轻，意境清雅俊逸，而节奏自然轻快。至末二句缓缓吐露心声，情怀深挚，实与孔子“吾非斯人之徒与而谁与”同一情志。《琴操》云：“《猗兰操》，孔子所作。孔子历聘诸侯，诸侯莫能任。自卫返鲁，过隐谷之中，见芗（芗与香通）兰独茂，乃喟然叹曰：‘夫兰当为王者香，今乃独茂，与众草为伍，譬犹贤者不逢时，与鄙夫为伍也。’乃止车援琴，鼓之，自伤不逢时，托辞于芗兰云。”据此，则阳明之意从可知矣。

（七）《桶冈和邢太守韵二首》之一

处处山田尽入畲，可怜黎庶半无家。

兴师正为民痍甚，陟险宁辞鸟道斜。

胜势真如瓴水建，先声不碍岭云遮。

穷巢容有遗驱遣，尚恐兵锋或滥加。

桶冈，地在江西上犹县境，与湖南桂东县相邻。邢太守，名珣，时任赣州知府，随阳明平定桶冈贼寇。畲音奢，畲蛮，瑶民之一种。其时湘赣边境山区汉瑶杂处，自山贼据桶冈称叛，强占民田，四处劫掠，善良百姓遂广受荼毒，故曰山田入畲，黎庶无家。痍，创伤，喻人民之疾苦。陟音志，登也。鸟道，谓山势险峻，无人行迹，仅有鸟迹蹊径。瓴音玲，屋上仰盖之瓦，俗称瓦沟。《汉书·高帝纪》：“地势便利，其以下兵于诸侯，譬诸居高屋之上建瓴水也。”阳明出奇兵，越岭穿云，攀登桶冈，然后居高临下，攻入贼寨，先声所加，贼遂溃败。末二句是顾念为贼寇者或有遭受驱迫，原非出于本心，犹恐官兵穷加追剿，滥有杀伤。可见阳明即使在兵锋之际，亦是满怀恻隐之心的。

（八）江边阻风散步至灵山寺

归船不遇打头风，行脚何缘到此中。
幽谷余寒春雪在，虚檐斜日暮江空。
林间古塔无僧住，花外仙源有路通。
随处看山随处乐，莫将踪迹叹萍蓬。

阳明四十八岁擒宸濠，群小羡功忌恨，危疑汹汹历时年余。读此诗可知阳明处逆境之涵养与本领。虽蜚语流言，惊涛骇浪，而阳明总是神明在躬，天清地宁。幽谷残雪，斜日暮江，而林间古塔僧迹已杳，此是何等虚寂之境！但由寂通感，则天地万物皆在我心感应之中。于是乎心境豁然开朗，仙源亦有路可通。虽有踪迹漂泊之劳，却无浮萍飞蓬之感。“阻风”本是行舟之厄，阳明反以得此探幽机会为幸。事事不挂碍，处处得真乐。到得“寂”“乐”交融，即是最高之诗境。

阳明何以能至此境？第一、二句诗已经透露出他的言外之意了。据《年谱》推求，此诗当作于四十九岁初春。次年阳明即揭示

"致良知"之教。阳明自经宸濠之乱与张忠、许泰之变，益信良知真足以忘患难，出生死。所以阳明常说良知之说乃从百死千难中得来，宸濠之乱与忠、泰之变便是百死千难中最吃紧的关头。若不是这一阵劲厉急骤的"打头风"，也许阳明的心路历程一时不能踏实良知一关而优入圣域。读者若能顺此意思看第一、二句，则后六句的意旨，也就豁然跃然，而可莫逆于心。

（九）咏良知四首示诸生

个个心中有仲尼，自将闻见苦遮迷。
而今指与真头面，只是良知更莫疑。（其一）

问君何事日憧憧，烦恼场中错用功。
莫道圣门无指诀，良知二字是参同。（其二）

人人自有定盘针，万化根缘总在心。
却笑从前颠倒见，枝枝叶叶外头寻。（其三）

无声无臭独知时，此是乾坤万有基。
抛却自家无尽藏，沿门持钵效贫儿。（其四）

有仲尼，是说人人皆与孔子同此心同此理。此心此理即是良知。只因常人蔽于见闻俗习，将这个天所与我的良知遮迷了，故不敢觌体承当。其实，一念警策，自反即得。孔子曰："我欲仁，斯仁至矣。”孟子曰：“反身而诚，乐莫大焉。”阳明之意实本于此。

憧憧，心意不定也。魏伯阳与禅师石头希迁皆撰有《参同契》。阳明此处是借参同二字以喻“致良知”之教并非一家之私意，而是会合前圣之意而提出的讲学宗旨。

定盘针，即指良知本心。本心是生化原理，是道德之根、价值之源，它自定方向，自发命令，一切价值皆是良知本心之发用流行，皆是良知本心所创生。若无知善知恶的良知本心，如何能“为善去恶”，不为善，不去恶，如何能创造价值，成就善事、善行与善德？世人颠倒，逐物而外求，此其所以为世人耳。

良知不是一个物，它无声无臭，无形无色，只是一个天理。人一念发动，分善分恶，良知自然知之。而此“人所不知而己所独知”之时，便是立善成善之根，便是乾坤万有之基。这是人人先天本有的，所以是自家无尽宝藏。若舍此而外求，无论求之于闻见俗学，或求之于佛老二氏，皆是违离圣道，沿门托钵。

此四诗皆咏良知，当下直指，句句自心中流出，亲切无比。

（十）南浦道中

南浦重来梦里行，当年锋镝尚心惊。
旌旗不动山河影，鼓角犹传草木声。
已喜闾阎多复业，独怜饥馑未宽征。
迂疏何有甘棠惠，惭愧香灯父老迎。

南浦，南昌城郊地名。阳明四十八岁平宸濠之乱，又巡抚江西，德惠广被，士民爱戴。五十六岁，诏命征思田苗瑶之乱。十月过南昌，“至南浦，父老军民顶礼林立，填途塞巷，至不能行。父老顶舆进入都司，又竞先就谒，东入西出，有不舍者出而复入，自辰至未始散。明日谒文庙，讲《大学》于明伦堂，诸生屏拥，多不得闻。唐尧臣献茶，得上堂旁听。初，尧臣不信学，闻先生至，自乡出迎，心已内动，比见拥谒，惊曰：‘三代后安得有此气象耶！’”。（见《年谱》）

诗之三四句乃“山河不动旌旗影，草木犹传鼓角声”之倒装句式，意谓如今干戈早息，山河之间已不见旌旗之影，然风吹草木，似乎仍带鼓角之声。闾阎，泛指民间。甘棠，树名。召公巡行南国，治政劝农，止舍于甘棠之下，既去，民思其德，遂爱其树，而作甘棠之诗，见《诗经·召南》，后世乃有“甘棠遗爱”之称。江西遭宸濠之乱，又连年水旱，荼毒甚惨。阳明为巡抚时，屡上宽租恤民之疏，皆不果。读前四句诗，可知阳明劫后余生之感实与民同。再观“多复业”“未宽征”之句，更令人泫然欲涕。乱后六七年，民犹未“全复生业”，不过“多复业”而已。民多复业固然可喜，然而饥馑连年，朝廷竟一意苛敛，不稍宽假，民何以堪？阳明恺悌仁爱，其末二句诗亦不是虚套客气之词，而是真心流露的感痛之言。凡言语不从实心流出，便是虚矜假言。或是“道闲情”“强说愁”，或是“粘牙嚼舌”“无病呻吟”，皆非真实言语，如此者又安得谓之诗乎？

附录一

王阳明学行年表

王守仁，字伯安，自号阳明子，学者称阳明先生。

明 （公元）	干支	阳明 年岁	事略	备考
宪宗成化八 （一四七二）	壬辰	一	九月三十日生于浙江余姚。	
一八 （一四八二）	壬寅	一一	随祖父竹轩翁赴京，过金山寺，赋诗云：金山一点大如拳，打破维扬水底天。醉倚妙高台上月，玉箫吹彻洞龙眠。	·去年父龙山公举进士第一。
一九 （一四八三）	癸卯	一二	寓京师。一日问塾师曰："何为第一等事？"曰："唯读书登第耳。"阳明疑曰："登第恐未为第一等事，或读书学圣贤耳。"父龙山公闻之，笑曰："汝欲做圣贤耶？"	·门人王艮心斋生。 ·明年门人季本彭山生。
二二 （一四八六）	丙午	一五	游居庸三关，慨然有经略四方之志。	·门人何廷仁善山生。
孝宗弘治元 （一四八八）	戊申	一七	七月，亲迎夫人诸氏于南昌。合卺之日，偶闲入铁柱宫，与道士对坐而忘归，次早始还。	·去年私淑弟子聂豹文蔚生。 ·门人徐爱曰仁生。

续表

明（公元）	干支	阳明年岁	事略	备考
二（一四八九）	己酉	一八	十二月返越（会稽），过广信，谒娄谅，教以宋儒格物之学，并谓圣人必可学而至。阳明契之。是年励志诸经子史。	·明年门人刘文敏两峰生。（又门人刘邦采师泉，长于两峰四五岁。见《龙溪语录》。）
五（一四九二）	壬子	二一	举浙江乡试。 是年为宋儒格物之学，格竹子得病，念圣贤有分，乃随世就辞章之学，与当时诗文之士李梦阳等以才名争驰骋。	·去年门人邹守益东廓生。娄谅一斋卒。 ·是年门人黄宏纲洛村生。 ·后年门人陈九川明水生。
一〇（一四九七）	丁巳	二六	寓京师。边报甚急。学兵法，每宴，覆果核列阵势为戏。凡兵家秘书莫不精究。	·去年门人欧阳德南野、钱德洪绪山生。
一一（一四九八）	戊午	二七	是年自念辞章艺能不足以通至道，乃循朱子之说循序由博以致精，终觉物理与吾心判而为二。沉郁既久，前疾又作。益觉圣贤有分。偶闻道士谈养生，遂有遗世入山之意。	·门人王畿龙溪生。
一二（一四九九）	己未	二八	举进士。疏陈边务八事，言极剀切。 次年授刑部主事。	
一四（一五〇一）	辛酉	三〇	奉命审录江北，多所平反。游九华山。	·去年陈白沙卒。
一五（一五〇二）	壬戌	三一	五月复命，随又告病归越，筑室阳明洞，行导引术，能先知。久之悟曰："此簸弄精神，非道也。"乃屏去。寻又思离世远去，唯祖母与父在念，因循未决。忽悟曰："此念生于孩提，此念可去，是断灭种性矣。"自此遂悟二氏之非。	
一七（一五〇四）	甲子	三三	主山东乡试，作《山东乡试录》。九月改授兵部主事。	·私淑弟子罗洪先念庵生。

续表

明（公元）	干支	阳明年岁	事略	备考
一八（一五〇五）	乙丑	三四	在京师，首倡身心之学，与湛甘泉一见定交，共以倡明圣学为事。是年门人始进。	·甘泉为陈白沙弟子，长阳明六岁而后卒三十二年，九十五岁。
武宗正德元（一五〇六）	丙寅	三五	上封事，反抗刘瑾滥权，下诏狱。寻谪贵州龙场为驿丞。	
二（一五〇七）	丁卯	三六	赴谪，至钱塘，刘瑾遣人侦害，得脱，走定海，至福建。十二月返钱塘，赴龙场驿。临行，徐爱纳贽北面。	
三（一五〇八）	戊辰	三七	春至龙场。时刘瑾憾未已。自计得失荣辱皆能超脱，唯生死一念尚觉未化，乃为石棺，自誓曰："吾唯俟命而已。"日夜端居澄默，以求静一。久之胸中洒洒，忽中夜大悟格物致知之旨，始知圣人之道吾性自足，向之求理于事物者误也，乃以默记五经之言证之，莫不吻合。	
四（一五〇九）	己巳	三八	主教贵阳书院，始论知行合一。冀元亨、蒋信从学。	
五（一五一〇）	庚午	三九	三月升庐陵知县。十一月赴京入觐。十二月升南京刑部主事，未就任。	
六（一五一一）	辛未	四〇	一月调吏部主事。 在京师，论朱陆之学。僚友方献夫位在阳明之上，比闻论学，遂执贽师事阳明。	·王心斋之子东崖生。
七（一五一二）	壬申	四一	在京师，三月升考功清吏司郎中。是年顾应祥、黄绾、徐爱等同受业。十二月升南京太仆寺少卿。便道归省，与徐爱同舟归越，论学甚欢。	

续表

明（公元）	干支	阳明年岁	事略	备考
八（一五一三）	癸酉	四二	三月至越，与徐爱等游山论学。 十月至滁，督马政，从游日众，以默坐澄心为学。的有未发之中，始有发而中节之和。视听言动大率以收敛为主，发散是不得已。	
九（一五一四）	甲戌	四三	四月升南京鸿胪寺卿，南京论学，只教学者存天理去人欲，为省察克治实功。门人徐爱、季本、陆澄等皆来相聚。	
一〇（一五一五）	乙亥	四四	立再从子正宪为后。	·罗汝芳近溪生。
一一（一五一六）	丙子	四五	九月升都察院左佥都御史，巡抚南赣汀漳等处。王思舆语季本曰："阳明此去，必立事功。"本曰："何以知之？"曰："吾触之不动矣。"	
一二（一五一七）	丁丑	四六	正月至赣州，行十家牌法，选民兵。 二月平漳寇，四月班师，疏通商税盐法。 九月改授提督南赣汀漳等处军务，给旗牌，得以便宜行事。 十月平横水、桶冈诸寇，十二月班师回赣州。	·欧阳南野弟子胡直庐山生。
一三（一五一八）	戊寅	四七	正月计擒浰头贼首。二月袭平三浰诸寇。四月班师回赣。举乡约，立社学，作《训蒙大意》。 六月升都察院右副都御史。 七月刻古本《大学》，作《大学古本序》。门人又刻《朱子晚年定论》。八月门人薛侃刻《传习录》。 在赣二年，虽兵务繁忙，仍讲学不辍。门人薛侃、欧阳德、何廷仁、黄宏纲等皆讲聚不散。	

续表

明 （公元）	干支	阳明 年岁	事略	备考
一四 （一五一九）	己卯	四八	六月奉诏赴福州勘处叛军。十五日舟至丰城，闻宁王宸濠于十四日反于南昌，遂返舟吉安，起义兵，门人邹守益来会。 七月十八日会兵丰城，十九日发兵攻南昌，二十日克复之。二十六日擒宸濠于鄱阳湖舟中。阳明在南昌虽兵凶战危，仍日坐都察院，开中门，与士友讲学不辍。 十月奉命巡抚江西。此后遭张忠、许泰诸佞幸之谗忌，危疑汹汹，历时年余。	
一五 （一五二〇）	庚辰	四九	五月江西大水，六月阳明巡行至吉安，答罗整庵论格物致知书。 至赣州，大阅士卒，教战法。盖宸濠之乱实有内应，濠既擒，忌者构为飞语，且挟天子以为乱阶，天下人心汹汹，阳明据上游，实有深意。 九月至南昌，泰州王银服古衣冠，执木简求见，与论致知格物，乃拜服，称弟子。阳明易其名曰艮，字汝止。是时门人陈九川、欧阳德、魏良弼等日侍讲席。 是年作《象山文集序》《礼记纂言序》。	·按：罗整庵守程朱学，长阳明七岁。

续表

明 （公元）	干支	阳明 年岁	事略	备考
一六 （一五二一）	辛巳	五〇	居南昌，正月正式揭示致良知之教。 《年谱》记云：自经宸濠忠泰之变，益信良知真足以忘患难出生死。所谓考三王，建天地，质鬼神，俟后圣，无弗同者。乃遗书邹守益曰：近来信得致良知三字，真圣门正法眼藏。往年尚疑未尽，今自多事以来，只此良知无不具足。譬之操舟得舵，平澜浅濑，无不如意。虽遇颠风逆浪，舵柄在手，可免没溺之患矣。《年谱》又引阳明之言曰：某于此良知之说从百死千难中得来，不得已与人一口说尽，只恐学者得之容易，把作一种光景玩弄，不实用功，负此知耳。 五月集门人于白鹿洞，欲久聚讲学。 六月世宗即位，特召阳明，当道阻之，改升南京兵部尚书，参赞机务。疏请便道归省。 八月至越。九月归余姚省祖茔，钱德洪等来受学。 十二月封新建伯。	
世宗嘉靖元 （一五二二）	壬午	五一	二月父龙山公卒，阳明居丧在越。 时御史程启元承宰辅意论劾正学，谤陷阳明。	·刘两峰弟子王时槐塘南生。

续表

明（公元）	干支	阳明年岁	事略	备考
二（一五二三）	癸未	五二	二月门人邹守益、薛侃、王艮等侍，言及谤议日炽，因谓："吾自南京以前尚有乡原意思，在今只信良知真是真非，更无掩藏回护，才做得个狂者胸次。使天下人尽说我行不掩言，吾亦只依这良知行。" 黄梨洲谓："阳明居越以后所操益熟，所得益化，时时知是知非，时时无是无非，开口即得本心，更无假借凑泊，如赤日当空而万象毕照。" 是年王畿始来受学。	
三（一五二四）	甲申	五三	是年门人益进，来自四方，环而坐听者三百余人。 刘文敏、刘邦采始来受学。 中秋与门人百余会宴于天泉桥。阳明见诸生兴剧，退而作诗，有"铿然舍瑟春风里，点也虽狂得我情"之句。 十月门人南大吉续刻《传习录》于越。	
四（一五二五）	乙酉	五四	是年阳明三年服满，例应起复，御史石金、礼部尚书席元山交章论荐，皆为辅臣所抑，不报。 九月与门人定会于龙泉寺之中天阁，以每月朔望、初八、廿三为期。是月答顾东桥论学书。 十月门人立阳明书院于越城。 是年作《亲民堂记》《稽山书院尊经阁记》《重修山阴县学记》。	·正月夫人诸氏卒。
五（一五二六）	丙戌	五五	三月答门人邹守益论礼书。 四月答门人欧阳德书。八月答聂豹第一书。 十一月子正亿生，继室张氏出。	

续表

明 （公元）	干支	阳明 年岁	事略	备考
六 （一五二七）	丁亥	五六	四月邹守益刻《文录》于广德州。 五月诏命兼都察院左都御史，总制四省军务，征思田。 九月发越中，应门人请，授《大学问》。行前一日，钱德洪、王畿夜侍于天泉桥，嘱二子遵依四句宗旨：“无善无恶是心之体，有善有恶是意之动，知善知恶是良知，为善去恶是格物。”又云：“以此自修，直跻圣位，以此接人，更无差失。自初学至圣人，只此功夫。” 入江西，发舟广信，沿途诸生请见，俱婉谢，许回途再见。徐樾（波石）追至余干，登舟问学。阳明告以心体无方所，譬之此烛光无不在，不可以烛上为光。 十月至南昌。父老军民顶香林立，填途塞巷，至不能行。父老顶舆传递入都司。先生命父老军民就谒，东入西出，有不舍者出而复入，自辰至未始散。士人见而惊叹曰：“三代后安得有此气象耶！”明日谒文庙，讲《大学》于明伦堂。 至吉安，大会士友于螺川驿，曰：“良知之妙真是周流六虚，变通不居，若假以文过饰非，为害大矣。” 十一月至广西梧州。 十二月诏命兼巡抚两广。	

续表

明（公元）	干支	阳明年岁	事略	备考
七（一五二八）	戊子	五七	正月进驻南宁。 二月思恩、田州土酋率一万七千余众自缚请命，思田遂平。兴学校，抚新民。 七月袭八寨、断藤峡诸蛮，破之。 十月以疾剧，上疏请告，遂自梧至广，待命于韶关南雄之间，疏上，不报。 是月与聂豹第二书，谓为学工夫只需说个“必有事焉”，时时集义、致良知，更不必说勿忘勿助长。又与邹守益书，谓体认天理、勿忘勿助之说大约未尝不是，然与圣门致良知之功尚隔一尘。 十一月二十五日越大庾岭，二十九日卒于江西南安之青龙铺。临终，门人问遗言，曰：“此心光明，亦复何言。” 明年归葬于越。	

- 阳明卒后，朝中有异议，爵荫赠谥诸典不行，且下诏令削爵，禁伪学。然门人后学坚笃精诚，仍遍建书院精舍祠宇于天下，讲学不辍。
- 卒后之七年，刻《文录》于姑苏。
- 卒后之二十八年，刻《传习续录》。
- 卒后之三十五年，《年谱》成。钱德洪主稿，罗洪先考订。
- 卒后之三十九年，穆宗即位，复伯爵，追赠新建侯，谥文成。
- 卒后之四十四年，刻《王文成公全书》。

附录二

日本的阳明学及其特色

一、引言

四月二十日，笔者应邀参加中华学术院颁赠名誉哲士学位给日本学者冈田武彦先生的典礼以及典礼后的座谈会。座谈会讨论的主题原定为“如何加强中、日两国阳明学之研究”，但与会者都没有就题发言，而却异口同声地说了些感叹的话。原来冈田先生在典礼中致答词时，一再称颂他的老师楠本正继先生，并表示他的成就完全是恩师所赐，对于这个荣誉学位的颁赠，他实在不敢当，他只是代表他的恩师来接受。同时，他还回忆他老师弥留之际告诉他说：“我死后你如向我致祭，不必作祭文，只要在我灵前诵读《中庸》首章，我在九泉之下便能获得最大的安慰。”冈田先生的话营造了一种感人的氛围，从大仁馆一楼的典礼会场一直洋溢到大恩馆十楼的座谈会中。

首先在座谈会讲话的是辅仁大学校长于斌枢机，他表示楠本先生的遗言，以及冈田先生奉行恩师遗言的行谊，将会比冈田先生送与他的著作给他更大的启示和感动，并且令他永难忘怀。接着讲话的是钱宾四先生，他说楠本先生在世时与他有文字交往。楠本氏五世儒学，深蕴厚积而传于冈田武彦先生。从楠本氏的遗言与眼前冈田先生“言必称师”的谦谦君子之风来看，楠本氏五世儒学之道是真的传下来了。之后，还有几位说了话，也仍然不是座谈的题旨。本来就这个题目表示意见，也颇有无从说起之感。根本的原因，是我们对于日本学界研究阳明学的情况甚为隔阂，而阳明学在日本兴起发展的史实，一般地说也所知有限（据笔者所知，国人介绍日本阳明学的书只有张君劢先生的《比较中日阳明学》）。但也正因如此，我们乃更有了解日本阳明学以及加强中、日两国阳明学研究之必要。

二、日本阳明学之兴起与传授

日本初期的宋学是由留学我国的一些僧侣传过去的，他们在中国住了五六年、十多年之后回到日本，有的以专讲四书为事，有的在讲禅学之外也注重程朱之书，所以后来佐藤一斋便称这些留华僧为“身披禅衣、心服阙里之人”（阙里为孔子故里，心服阙里即心服儒学之意）。到了德川时代的藤原惺窝（一五六一——一六一九），以僧侣之身忽而还俗，是为日本儒者脱离佛教而独立之始。藤原氏亦就成为京都朱子学的元祖。他的弟子林罗山（一五八三——一六五七）则成为江户朱子学的开山。

阳明学在日本的兴起虽略晚于朱子学，但阳明在生的时候却和日本人有了关系。正德六年，日本派了一位八十七岁的和尚使者桂悟了庵来到我国，住了两年。当正德八年（一五一三）了庵由宁波归国之时，阳明正好在浙中，因而与了庵见了面，并送给了庵一篇亲笔写的序。这时阳明四十二岁，离龙场之悟虽已有五年，但《传习录》尚未辑印，其“致良知”的宗旨也还没有提出来。而了庵回国之次年，即以九十高龄去世。所以了庵对于阳明“学”大概说不上什么关系，但对于后来阳明学在日本的兴起应该会有启导的作用。

日本第一期阳明学的元祖是中江藤树（一六〇八——一六四八）。他本信朱子学，三十三岁始读到阳明弟子王龙溪的《语录》，但心疑龙溪近于禅。到三十七岁时，他在书肆见到《阳明全集》，无力购买，慨然解下所佩大刀与店主交换，从此舍朱子而归阳明。他告诫门下弟子曰：“余信朱子学，命汝辈专以小学为准则，今始知其为拘泥之甚。盖守规矩与求名利原不可同日而语，然其害真性活泼之体则一。”又答人书曰：“余信朱学，用功甚久，但觉无入德之门，幸得《阳明全集》而熟读之，于是数年之疑惑乃解，而有入德之把柄。”中江氏读《阳明全集》后，虽仅四年而殁，但造诣很深，学者尊称他为“近江圣人”（近江是他的故乡）。他有两位重要弟子，渊冈山属内省派，熊泽蕃山属事功派。

由于德川时代以朱子学为官学，对阳明学则常加歧视压迫，所以日本之朱子学流传久远，绵延不绝，而阳明学则时断时续。日本阳明学第二期的中兴元祖是三轮执斋（一六六九——七四四）。三轮氏初亦治朱子之学，年三十三在友人家得《传习录》而读之，于是舍朱而归王。他所事的藩主不以奉王学为然，他便辞职家居，专以倡导阳明学为己任。卒年七十六。撰有《日用心法》与阳明《四言教讲义》（四言教，我国习称四句教）。在三轮氏的时代，细川侯曾有令禁止阳明学之传习，但志操坚贞之士未尝因此废阳明学，而三轮氏之功劳尤大。

日本阳明学第三期的人物首数十九世纪前期的大盐中斋（又称大盐平八郎）与佐藤一斋。

中斋（一七九三——八三七）早岁丧母，育于大阪同姓之家为养子。他游学江户，一度为林罗山后裔林述斋之门下，后来得古本《大学》，于是依诚意致知之旨私淑阳明。他广集汉唐宋明清各家有关解释《大学》之文，结撰成《古本大学刮目》，其中尤详于王门各派对《大学》的解释。张君劢先生说："读此书，而后阳明恢复古本《大学》之意跃然如在纸上。此吾国学者所应为而未暇为之，大盐氏可谓为吾国儒者补过之人矣。"

佐藤一斋（一七七二——八五九）十九岁与林述斋相识，其后由林述斋举他为昌平黉之教官（此乃日本幕府时代研究儒学之府，自林罗山以后由林家子孙承袭其位）。一斋虽心服阳明，而表面上则避阳明学之名。在他答大盐中斋的书信中有云："姚江之书虽尝读之，然仅为自己针砭之用。以云此间（昌平黉）所教授，乃宋学，乃林氏家学。"因为幕府尊朱子学，一斋不欲触犯忌讳，所以如此云云。以此之故，后人说他“阳朱阴王”。一斋门下人才济济，在他十多位著名弟子中，守朱子学者大桥讷庵、林柽宇、中村敬宇三人而已，其余全是阳明学者。其中虽然没有伟大的理论家，但却转为事功之表现。开国维新的重要人物如吉田松阴、西乡隆盛，都是他的再传弟子（吉田氏为佐久间象山之弟子，西乡氏为伊东潜龙之弟子）。而木户孝允、山县有朋、伊藤博文等，则又是吉田松阴所创设的松下村塾中的学生。

三、日本阳明学者的实践精神

在《比较中日阳明学》中，张君劢曾归结日本所以提倡阳明学之故，列为三点：

（一）阳明学简易直截，合于《易经》所谓“乾以易知，坤以简能”之条件，因而合于日本人快刀利刃之性格。

（二）阳明学侧重于“即知即行”，合于日本人勇往直前之习惯。

（三）日本人注重事功，故将阳明学应用于人间社会，发生大效果。

据此可知，日本学者是以勇往实践与注重事功之精神来迎接阳明学的。第一期的中江藤树与第二期的三轮执斋都是持守坚定而勇于担当之人。第三期的人物则尤能热烈坚执其内心的信仰，以奔赴一个理想而置生死于度外。兹略作介述，以见一斑：

（一）大盐中斋，早岁丧母，自小饱经忧患，深知民间疾苦。他一度做大阪东町执事高井山氏的助手，锐意图治，其后高井山氏年老去职，迹部良弼代之，不满中斋之耿直，中斋乃辞官，立洗心洞学堂授徒讲学。他《祭阳明文》有云："愿先生助我，不使此心朽。杀身成仁，固予所愿。"其后大阪饥荒，中斋请迹部氏开仓库赈济贫民，不许，乃集同志二十人，与大阪豪商共谋救恤之法，而响应者寥寥无几。为贯彻主张，中斋立即将藏书出售，得银六百五十两为赈恤之资，而迹部氏居然说他的义举为"侮蔑长官"。中斋忍无可忍，于是发布檄文，宣示他效法汤武汉高祖与明太祖，以"吊民伐罪，执行天诛"之决心，向官府宣战。结果寡不敌众，父子自焚其家，继之以自杀。年仅四十四。——后来吉田松阴与西乡隆盛之殉国，都以大盐中斋为遗范。

（二）佐久间象山，早岁治经义文章，年二十三学于佐藤一斋，既卒业，留为助教。三十岁以后，注意西洋学术。他认为"泰西之学盛，孔子之教益得其资"。又说："处今世善读《大学》者，应兼治西洋之学。"佐久间的话无形中消弭了日本汉学派与洋学派的争辩。这是他大有功于日本思想界的地方。当日本攘夷论大盛之时，他上书政府，力言攘夷之不可，结果竟遭暗杀而死。他被宣布的罪状，是"此人唱西洋学，主交易开港之说，其误国之罪难舍，是为国贼，加以天诛"云云。

（三）吉田松阴（一八三〇——一八五九），年十五即能为毛利藩主讲《孙子兵法》虚实论。年二十二从藩主游江户，始学于佐久间象山。佐久间勉励他："士不贵无过，贵能改过。改过固可贵，能偿过尤为可贵。际此国家多事，能为难为之事，能立难立之功，乃偿过之大者也。”后立志游学海外，佐久间有送行诗激励他。结果偷渡不果，他自觉触犯政府逃海之禁令，于是自首入狱，佐久间亦因诗受累同入狱中。次年出狱，设松下村塾讲学，毛利藩主的明伦馆（政府学校）为之一空。村塾学生如木户、山县、伊藤等皆成为维新中心人物。三年之后，有血盟事件出现，吉田氏入狱，受死刑宣告，年仅三十。下面所节录是他与父母诀别之家书：

> 神州正气既已为邪气所消蚀欤！儿一念及此，食不下咽，寝不安蓐，惟悲死之不早而已。……是以儿私不自量，纠合同志，神速上京，获间部（间部诠胜）之首，贯诸竿头，上以表吾勤王之衷，且振江家之名声，下以发天下士民之公愤，而为举旗趋阙之首魁，如是而死，死犹生也。

吉田氏死后之三十年，德富苏峰特加崇赞，他说：“先生实具日本男儿之真面目。第一，明大义名分。第二，以身殉其理想，即言而必行，且行而不息。第三，一切动机皆为君国，而不为自己。先生之特色，多血多情，而富于人间情味。若大见识家，或可求之他人；若大改革家，或可求之他人；大经纶家与大手腕家，亦可求之他人。至若日本男儿之标本，我本我洁白之良心，独以一票为先生投之。”德富氏这几句话实令人心生感动。

（四）西乡隆盛（一八二七——一八七七），是倒幕勤王的有力人物，其事功之卓著，至今日本人士犹然倾倒不置。他早年曾读《近思录》，后治阳明学，又手抄他太老师佐藤一斋的《言志录》，而且著有《大学讲义》与《孟子讲义》。

西乡氏手订的萨长盟约，为后来明治天皇五条誓文之张本。讨幕之役，他任东征总督府的参谋。德川氏自行请罪，战争告终。西乡氏又倡废封建改郡县。等到大局稍定，他又倡征韩之议，而他的同门大久保田东与吉田松阴的弟子木户孝允等都加以反对。于是，西乡隆盛退居乡里鹿儿岛，自设私校，自藏军火，并训练军队，占领九州，政府发兵讨之，这就是所谓西南战役。西乡氏陷于重围之中，终于自刃而死。他可算一个坚执己见而不计成败生死之人。

张君劢在《比较中日阳明学》书中，曾有五点归结，兹录于此。至其意义，下文第五节当再略加论述。

（一）日本学者对于朱王两家绝不偏袒，三轮氏尝言“信王固深，尊朱亦不浅”，佐藤氏“阳朱阴王”，亦即此兼容并包之态度。

（二）日本王学对于“知行合一”与“即知即行”八字尤为着重。言而不行，日本人引为深耻，此吉田松阴、西乡隆盛所以以身殉其所信也。

（三）日本人对于道德观念如吊民伐罪，视之为一种理念或柏拉图之意典，尽量从真善美方面做去，绝不许加以污点，故“知行合一”云云，竟与“置生死于度外”同一解释，尤为善之理念化之至者。

（四）吾国宋明儒家非不知杀身成仁，如文文山、陆秀夫之死，如东林志士之死，或为亡国以后不愿降志辱身，或以言官犯颜敢谏，其死仍为消极的。而吉田氏之开国勤王，西乡氏之务勤远略，以自己之主动，造成一种局面，而身殉之，其死为积极的。

（五）日本人本其所信，各主张其政策，因而有彼此政见之争。然开港、锁国之争，继之以勤王；征韩、反征韩之争，归结于内固国本；乃至宪法既行，在朝之保守者与在野之激进党终能协调于政党政治之中。简言之，虽争而不至动武，不至动摇国本，犹之朱王门户虽分，而不失其为“道为天下之公，学为天下之公”之根本道理。

四、明末王学未能成就事功之故

至于明末王学所以流为枯禅（我国习称为狂禅）而不出现事功之故，牟宗三先生在张著校后记中曾有深透之指述。其基本义旨约有下列三点：

（一）宋明儒讲学，无论言性即理，或言心即理，其对于道德意义之天理皆极郑重。凡脱落“天理”义而言心言性者，则易与佛老混而有蹈空之弊，而程朱陆王诸大儒绝不如此。阳明将此天理摄于良知之中，故总言“良知之天理”“吾心良知之天理”。致知格物、知行合一，即是在道德践履中实现此天理于人伦日用与各种事业。如此自不蹈空，自能成就功业。

（二）根据阳明所言“致良知”“知行合一”以奔赴一个客观之理想，其中含有（1）超越之精神；（2）积极身殉之精神；

（3）至纯至简之艺术浪漫情调。

（三）此超越精神与积极身殉之精神之能否具有，其关键唯视有无“客观理想”以为断。有客观理想之涌现，而后乃能具备客观精神以从事客观实践，成就事功。

就（一）（二）两义言，张氏所谓“日本人对道德观念，如忠君爱国、吊民伐罪，皆视为一种理念，不许加以污点”“吉田氏之开国勤王，西乡氏之务勤远略，以自己之主动，造成一种局面，而以身殉之，其死为积极的”，以及德富氏谓吉田松阴“多血多情而富有人间情味”“一切动机皆为君国而不为自己”“以身殉其理想，言出必行，且行而不息”，此便是超越之精神、积极身殉之精神、与至纯至简之艺术浪漫情调。而日本人本其所信，各主张一种政策，虽有开港与锁国之争，而终归于“勤王”；虽有征韩、反征韩之争，而终归于“固国本”；虽有政党之争，而能归之于“宪政之规范”。凡此即是日本人在时代所凝结的客观理想中，所具有的客观精神。有朱子学、阳明学蓄养其志气，敦笃其践履，而又在时代中涌现其客观理想（勤王、征韩、行宪，皆是日本人之客观理想），并以客观精神奔赴勇往，所以终能开国维新，引生大业。

而在中国，则并没有发扬阳明学的“事业元素”与“活泼泼地”之精神，以引发国人之超越精神与积极身殉之精神以及客观精神。这是最值得反省的。

黄梨洲在《明儒学案》中说，阳明之学因龙溪、泰州而风行天下，而弊亦随之。王龙溪是阳明晚年的大弟子，颖悟辩才皆超常过人，他讲学着重良知之“虚灵”义、“明觉”义，而于良知之“天理”义则不免因立言疏阔而有所轻忽。他的言辞玲珑剔透，如珠走玉盘，不离一处，不着一处，纵横妙悟，俯视天下。当然，讲虚灵明觉亦未必就否定心之天理义，但重于彼而轻于此则有弊。龙溪本人还能不失其精透，但别人从他那里一转手，便不免流于狂禅（禅如视为境界，实乃儒、释、道三家所共同。至于流于狂禅，则是人病）。

至于泰州王艮（号心斋），本是一奇特之人。黄梨洲说：“阳明而下，以辩才推龙溪，然有信有不信。唯先生（心斋）于眉睫之间省觉人最多，谓百姓日用即道，虽童仆往来动作处，指其不假安排者以示之，闻者爽然。”梨洲这几句话颇能概括泰州一派讲学接人的情调与风格。心斋初见阳明，双方辩论久之，叹曰：“简易直截，艮不及也。”次日又经一番论辩，方执弟子之礼。简易直截本是陆王一系的特点之一，但所谓“简易直截”并不是脱离义理规范而寡头独行。儒家教义原初有五经，至宋儒有四书，宋明儒即根据四书五经而建立义理之规范。而这义理规范同时亦即尧舜、三王、周公、孔子所传承之文统，这里即含有文化意识与客观意识，而陆王尤更鞭辟入里。象山之辟科举时文而特重义利之辨，阳明之痛斥辞章训诂名利之恶习，而思以精诚恻怛之仁的觉醒之移易之，皆表示其讲学之时代意义。陆王之简易直截，并不背离义理规范，其讲学亦具备文化意识与客观意识。但流于泰州学派，则义理规范既嫌不足，而文化意识与客观意识亦不彰显。而只套此简易直截于扬眉瞬目之方法中，终致泛滥而失矩矱。泰州派下多主自然，主活泼，主快乐。洒脱自在，冲破一切，此非豪杰之士不能，亦有大浪漫性在其中。而且“其人多能以赤手搏龙蛇”，有侠气，有血性，有性情，此本可以见诸行动，发为事业，而终于不能者，实由客观理想与客观精神不具备之故。

到了晚明，顾、黄、王诸大儒秉其强烈之文化意识与政治意识，反省历史文化之传统而要求开“外王”大业，客观理想与客观精神同时透显。可惜清军入关，大明沦亡，他们正大而健康的理想受到严重的压抑，只有著书寄望于后世，而自阎若璩之徒效顺清政府，华族之文化生命与学术精神遂泯丧而斩绝。这才真是中华民族最大的不幸。

五、余言

上文说到阳明学在日本促成了明治维新，而维新后的扩张侵略主义却造成日本王学精神之死亡。其后日本阳明学者的表现又如何？笔者孤陋寡闻，实无所知。至于中国自清代以来，阳明学或陆王学的进展情形，贺麟在《当代中国哲学》书中曾有述及。兹择要约述如下：

贺氏首先提到：

（一）康有为于光绪十七年（一八九一）开始讲学于万木草堂，对梁启超等“教以陆王心学”。

（二）其弟子谭嗣同亦“尊孟子，扬陆王”，其行径近似王门泰州一派。贺氏认为“康谭二人皆以陆王之学为其中心思想，不过两人皆以气盛，近于粗疏狂放，比较缺乏陆王反于本心的精微穷理之工夫”。

（三）康氏另一弟子梁启超主讲湖南时务学堂（倒袁护国之蔡松坡即梁氏此时之学生），亦以讲陆王修养论与公羊、孟子民权论为主。去世前两三年，仍著文斥朱子支离而发挥阳明良知之学。

（四）欧阳竟无在中日甲午之战后，“感慨杂学无济，专治陆王，期以补救时弊。当时对阳明之学见之至深，执之至坚，友人劝他学佛法，皆被严拒。后因得见杨仁山居士，并遭母丧，方摒弃一切，归心佛法”“自九一八事变以后，忠义奋发，表彰陆王”。

（五）在新文化运动群起鄙薄传统文化之时，梁漱溟挺身为儒家思想作辩护，“他自孟子及陆象山义利之辨出发”“坚决站在陆王学派之立场，发挥孔子的仁和阳明的良知”“不过梁先生注重的是文化问题，他发挥陆王一派思想亦重在人生态度方面”。

（六）梁先生的讲友熊十力先生，“得朱陆精意，融会儒释，自造新唯识论。对陆王本心之学，发挥为绝对的本体，且本翕辟之说而发展施设为宇宙论。用性智实证以发挥陆之反省本心与王之致良知……又发挥阳明即知即行的义蕴”。

关于清末以来陆王学得以发扬之故，贺氏提出了两点解释：

（一）陆王注重自我意识，与个人自觉、民族自觉的新时代较为契合。因为过去五十年是反对传统权威的时代，提出自我意识、内心自觉，于反抗权威、解脱束缚或较有帮助。

（二）处于青黄不接的过渡时代，无旧传统可资遵循，无外来标准可资模拟，只有凡事只问良知，以求诸心之所安，提挈自己的精神，以应付瞬息万变之环境。庶乎我们的新人生观、新宇宙观，甚至于新的建国的事业，皆建筑于心性的基础或精神的基础上面。

按：贺氏之书撰于抗日战争胜利之前夕，故所述至抗战时期为止。而上述诸人虽对王学之思想精神有所发挥，却还没有阳明学的专著。近二十多年来，研究阳明学的人也许不少，而真能将阳明哲学之精义，以专书作有深度之表述的，当推牟宗三先生的《王阳明致良知教》。该书于一九五四年出版。一九五六年，牟先生又撰《陆王一系之心性之学》，分三篇发表于香港《自由学人》。近二年牟先生又有各长四万余言之专论——《王学的分化与发展》与《致知议辩疏解》，发表于香港《新亚书院学术年刊》十四、十五两期，此当是其宋明理学巨著《心体与性体》第四册之一部分（前三册由正中书局出版）。至于近十多年来中国学者在国外弘扬阳明学的论著，则可参看今年三月中华学术院出版的《阳明学论文集》中陈荣捷所撰的《欧美之阳明学》一文，兹不赘。

附录三

本书作者著述要目

（一）《孔孟荀哲学》　台北　学生书局

（二）《孔门弟子志行考述》　台北　商务印书馆

（三）《墨家哲学》　台北　东大图书公司

（四）《中国哲学史大纲》　台北　学生书局

（五）《宋明理学北宋篇》　台北　学生书局

（六）《宋明理学南宋篇》　台北　学生书局

（七）《新儒家的精神方向》　台北　学生书局

（八）《王阳明哲学》　台北　三民书局

（九）《儒家思想的现代意义》　台北　文津出版社

（十）《熊十力先生学行年表》　台北　明文书局

（十一）《牟宗三先生学思年谱》　台北　学生书局

（十二）《新儒家与新世纪》　台北　学生书局

（十三）《王学流衍——江右王门思想研究》北京　人民出版社

（余从略）

在喧嚣的世界里，

坚持以匠人心态认认真真打磨每一本书，

坚持为读者提供

有用、有趣、有品位、有价值的阅读。

愿我们在阅读中相知相遇，在阅读中成长蜕变！

好读，只为优质阅读。

王阳明哲学

策划出品：好读文化　　监　　制：姚常伟

责任编辑：赵露丹　　产品经理：张　翠

封面设计：ONE → ONE Design Studio　　内文制作：尚春苓

图书在版编目（CIP）数据

王阳明哲学 / 蔡仁厚著. -- 杭州 : 浙江教育出版社，2022.7（2025.12重印）
ISBN 978-7-5722-3329-6

Ⅰ. ①王… Ⅱ. ①蔡… Ⅲ. ①王守仁（1472-1528）—哲学思想—研究 Ⅳ. ①B248.25

中国版本图书馆CIP数据核字（2022）第057491号

责任编辑 赵露丹　**产品经理** 张　翠
美术编辑 韩　波　**责任校对** 马立改
责任印务 时小娟

王阳明哲学

WANGYANGMING ZHEXUE

蔡仁厚　著

出版发行　浙江教育出版社
（杭州市环城北路177号　电话：0571-88900883）
印　　刷　嘉业印刷（天津）有限公司
开　　本　880mm×1230mm　1/32
成品尺寸　145mm×210mm
印　　张　9.25
字　　数　197 000
版　　次　2022 年 7 月第 1 版
印　　次　2025 年 12 月第 11 次印刷
标准书号　ISBN 978-7-5722-3329-6
定　　价　58.00 元

如发现印装质量问题，影响阅读，请联系010-82069336